family field
親子田

family field
親子田

一天一篇人文閱讀，養出心智強大的孩子！

每天十分鐘，在家就能學素養

作者——金鍾沅　　譯者——鄭筱穎

아이를 위한 하루 한 줄 인문학

書的世界猶如綠蔭成群的樹林
豐富滋潤了我們的生活

序言

一天一篇人文閱讀，成就孩子的非凡人生

在法國，有一門考試稱為「Baccalaureate」，是高中畢業升大學時，必須通過的一項「哲學論述測驗」。這是相當有名的測驗，對教育領域有涉獵的人，應該都聽過這項考試制度，許多人看完哲學考試的問題，認為試題的難度艱澀，紛紛表示「連大人都不一定答得出來」。

然而，我並不認同這句話。不一定「大人」就比較厲害，「年紀」不是衡量能力的標準，即使是知名大學教授，或是大家公認的天才，也可能會被哲學會考的題目考倒。剛畢業的高中生，寫出來的答案說不定更好。因為哲學測驗評估的重點，

並非年齡和知識水平，而是在於「是否真的理解什麼是愛、幸福及人生目的？」從歷屆哲學考題來看，更能了解箇中原因。

「你認為什麼是非人道行為？」
「不了解自己的人，會感到幸福嗎？」
「即使是瞬間即逝的事物，是否也有價值蘊藏其中？」
「愛可以是義務嗎？」
「從哪些地方可以看出精神自由的體現？」
「藝術作品一定要美嗎？」
「哲學可以改變世界嗎？」
「在哪方面最適合以大自然為師？」

這些問題雖然涵蓋了人文、科學、藝術、政治等各種領域，但都有共同的核心主軸。基本上，所有問題都跟前面提到的「是否真的理解什麼是愛、幸福及人生目的？」有關。當我們對這三點有清楚認知時，無論任何問題，都能侃侃而談地表達自己的想法。然而，倘若自己對此沒有明確的見解，就算學再多知識也只是徒然。因為這些問題跟「難易與否」無關，當一個人自我認知清楚，自然就會知道該如何作答。

我在前作《寫給爸媽們的人文學課》一書中曾說過，所謂的人文學教育，其實是父母對孩子表達愛的一種方式，感受到這份愛的孩子，也會為父母帶來幸福。父母若能在日常生活中，經常表達對孩子的愛，讓孩子時刻感受到幸福。即使孩子未來遇到任何狂風暴雨，內心依舊堅定不會受到動搖，家人間彼此互相支持，能夠持續朝人生的目標邁進。當孩子的內在夠強大時，因為具備足夠的應對能力，無論遇到任何問題都能迎刃而解。

坊間不乏許多網路課程、書籍、補習班等，可以透過各種管道學習人文學。雖然每個地方都宣稱，人文教育要從小扎根，但真正對人文教育有信心的父母，卻是少之又少。這是為什麼呢？因為父母們自己從小並未奠定紮實的人文教育基礎。正因如此，才會有這本書的問世。如果父母讀完後，明白人文教育的重要，希望能夠和孩子一起學習人文學，可以帶著孩子一起閱讀本書，這正是我寫這本書的初衷。

一天一句人文學，父母可以和孩子一起閱讀每篇中的「人生金句」，並把句子寫下來。等孩子書寫完後，再讓孩子試著表達自己的感受。這裡所謂的「書寫」，指的是「靜心抄寫」。在學習人文學的過程中，我之所以會運用靜心書寫的方式，是因為「人文學本來就是個人的體悟」。唯有透過獨自學習並加以實踐後，這些東西才會內化成自己的一部分。許多父母怕孩子學不會，連忙把孩子送去參加人文之旅，或是積極尋求教育專家的意見。然而，學習人文教育的主角不是父母，而是孩子，應該讓孩子自己主導。因此，學習人文學最好的方法，就是讓孩子自己透過抄寫的方式，激發內在的體悟。

當孩子們讀完對人生有幫助的格言後，再把句子抄下來，接著表達自己的想法和感受。對孩子而言，這是學習人文學最簡單的方法。透過這本書，可以幫助孩子認識這個世界，藉由口語表達、書寫、和專注聆聽的練習，鍛鍊心智並強化競爭力，無論孩子將來遇到任何學習上的考驗，方能無所畏懼。

・・・

本書共分為五章，每篇章節內收錄了有助於讓孩子提升人文知識，以及培養人文素養的「引導式閱讀」。父母和孩子閱讀後，再把「人生金句」抄寫下來。更重要的是，父母要和孩子一起討論，從中學習到什麼。

在第一章〈準備跳躍〉中，先為一天一篇人文閱讀這門功課奠定基礎。接著，在第二章〈不斷累積〉將會告訴大家，如何有效運用人類擁有的最佳競爭力——「觀察」，並教大家透過「思考」鍛鍊內在力量、思考力及創造力。在第三章〈提升表達力〉會針對未來第四次工業革命中，所需具備的口語表達能力和寫作能力加強學習，培養孩子的表達能力。在第四章〈突破〉讓孩子運用到目前為止學習的知識，培養洞察世界的覺察力和語言表達能力，進一步學習如何自主選擇，並勇於接受挑戰。在最後第五章〈心智鍛鍊〉中，將會傳授「學一以知十」的學習心法，教孩子學會運用聯想法，創造出屬於自己的成果。

人文學並不難，也並非遙不可及的深奧學問。相反的，它是最貼近生活的學問，把學到的東西，運用在日常生活中，這就是人文生活。每天只要花十分鐘，和孩子一起閱讀本書，培養書寫和表達能力，相信一段時間後，就能看到成效。以人文學為養分，灌溉生命之花，這是一輩子的功課。希望讀完這本書的父母和孩子們，能共同開創出璀璨的未來！

金鍾沅

目錄
CONTENTS

Chapter 3
表達

Chapter 4
突破

Chapter 5

心智鍛鍊

Chapter 1

準備跳躍

跳躍前先站穩腳步

掌握自己的優點與可能性

「不要說『敝國』，要說『我國』才對。」

走進某間廣播電台錄音室時，會最先看到這句醒目的標語。雖然被糾正過無數次，許多人仍無法改掉這個習慣。看著這句話，不禁令我陷入沉思。

「為什麼我們總是習慣貶低自己？」

「為什麼會有這個根深蒂固的習慣？」

「要怎樣才能改掉這個習慣？」

「敝」這個字眼，是非常謙卑的表達方式，也可以說是缺乏自信的呈現。許多過去習慣的自謙詞，在現今社會中，已顯得陳舊過時。我在二〇〇七年出版的《寫給爸媽們的人文學課》一書中，曾探究過為何人們會習慣使用自謙詞的原因，同時也找到三個方法，幫助孩子不再陷入自我貶低的言語框架。

1. 開始讓孩子自己主導

每當我提到「每天花四小時思考，可以改變一生」的理論後，很多人會跑來問我具體作法。事實上來問我的人，百分之九十都不會照我教他們的方法做，他們只是「喜歡問」而已。真正會親身實踐的人，在當下通常不會發問。因為要提出具體的問題，必須落實在生活中後，才知道如何提問。唯有身體力行後，提出的問題才會比較明確。無法具體提問，並不是因為學得不夠多，而是尚未真正運用所學。「我每天花四小時練習思考，但在兼顧學業的部分卻遇到瓶頸。」、「如何運用思考去解決和家人間的衝突？」像這樣提出具體的問題，答案才會更清晰。

要培養孩子的自主性，關鍵在於「經驗」的累積，而非「知識」的累積。想讓孩子有親自體驗的機會，可以讓他們從日常生活中開始練習。例如：希望孩子理解整理物品的重要性，不妨讓他們試著整理存放餅乾零食的儲物櫃吧！因為是孩子喜歡的東西，他們會比較感興趣。此外，觀察孩子平常的興趣或專長，讓孩子練習自己去做，儘管在過程中可能會遇到困難，但要盡可能讓他們學會自己解決，藉此建立孩子的自我價值感。

2. 讓孩子有明確的選擇標準

「冷凍水餃應該要放冷藏？還是冷凍？」、「泡菜要當天吃完？還是可以放一個禮拜後再吃？」、「包裝上寫兩人份，三個人夠吃嗎？」，在生鮮食品網站上，經常可以看到消費者提出這些問題。雖然有些食物必須看完說明內容，才知道保存要點和料理方式，但大部分的問題只要稍微想一下，根本不需要提問。然而，有些人卻不願意自己動腦思考，而是把選擇權全權交給別人，希望別人幫他決定。這樣一來，他們就不必為結果負責，因為不是自己決定的，對結果不滿意時，自然會把責任推到別人身上。

不需要背負責任的人生，形同「行屍走肉」。想擺脫這樣的生活，就必須學會為自己的人生負責，去了解自己喜歡什麼和不喜歡什麼，有自己的喜好厭惡，自己替自己做決定，這才是活著的證據。大部分的人，都以為自己知道自己喜歡什麼，不喜歡什麼，但真的要他們在紙上寫下「喜歡和不喜歡的東西」時，卻往往不知從何下筆。因為他們從來沒有認真思考過，自己到底真正喜歡什麼？討厭什麼？

當孩子知道自己喜歡什麼，會把寫日記當成是遊戲一樣樂在其中。雖然大多數的父母都知道寫日記的重要性，但他們並不明白「為什麼孩子不喜歡寫日記？」原因很簡單，因為孩子不知道自己喜歡什麼，當他們發現自己的興趣後，就能享受寫日記的樂趣。

試著和孩子練習在筆記本上寫下「我的興趣」，每週一次花十分鐘的時間，讓孩子把自己喜歡的事情列出來，再把理由寫下來。此外，也要把討厭的事情和理由寫下來。記得一定要寫上日期，盡可能地將筆記整理得乾淨、俐落且易讀，這本筆記就是孩子的「個人喜好紀錄」。反覆練習幾次後，孩子就能清楚知道自己喜歡什麼，不喜歡什麼，並了解原因。這樣一來，孩子在未來面對各種選擇時，也能根據自己內心的喜好，充滿自信地做出決定。

3. 避免刻意的謙虛

假設現在有兩名求職者，兩人的履歷看起來差不多，實力旗鼓相當，但唯一不同的地方，在於自我介紹的內容。

「我非常喜歡從事企畫相關工作，尤其擅長分析三十到三十九歲女性消費者族群，能夠清楚掌握市場需求，設計出適合該族群的產品企劃。」

「關於企劃這份工作，我還在學習中，雖然還有很多不足的地方，但只要貴公司願意給我機會，我會努力學習的。」

如果你是主管，你會錄取誰？

人生，會經歷反覆求職的過程。求職，不是只為了爭取進入某間公司工作。將自己的作品放在市場上銷售，也是一種求職的行為。對初學者而言，刻意的謙虛反而是「自負」。因為沒有表明自己擅長的事，積極為自己爭取工作，而是說：「我還有很多不足的地方」，這麼做其實是在阻礙自己的發展。

像歌德、康德、叔本華等世界知名哲學家，他們總是對自己最擅長的領域、天賦價值及未來規劃侃侃而談。可能有人會問：「這樣不是顯得不夠謙虛嗎？」他們是這麼回答的：

真正的謙虛，並非否定自己的優點。

蘇格拉底曾說過一句名言：「我唯一知道的事情，就是我什麼都不知道。」這句話其實不是謙虛的表現，而是只有真正了解自己時，才能說出的話。謙虛固然是一種美德，但只適用於對謙虛真正有所領悟的人，並不適用於孩子。

如何教出真正了解自己，並知道自己擁有什麼的孩子？首先，試著讓孩子練習

「儲蓄」吧！但這裡指的儲蓄，跟一般的儲蓄方法不同，不是把錢存到銀行，也不是存到小豬撲滿裡。而是在孩子看得到的地方，放一個空的透明罐，裡面只投放硬幣。孩子可以清楚看到自己現在有多少硬幣，金額大概多少。建議每週一次，實際把存到的錢記錄下來，確實掌握存款金額。讓孩子知道自己目前存了多少錢？這些錢是怎麼來的？接下來，可以進一步思考，之後打算如何運用這筆錢？想拓展孩子的可能性和未來價值，不妨試試這個方法吧！

・・・

除了上述三個方法外，最重要的是，要理解謙虛的真實涵義。世界上厲害的高手，他們總會說：「越簡單的東西，往往是最難的。」、「魔鬼藏在細節處，細節往往是成敗的關鍵。」

謙虛是他們發自內心的感想，適當的謙虛是美德，也是守護初衷的力量。不過，刻意的謙虛卻是自負，也是阻礙人生前進的毒藥。因為孩子還沒經歷過人生的歷練，在各方面本來就略顯不足。所以，更不能讓孩子被「我做不到」的想法綑綁住。

父母要怎麼做，才能讓孩子拋開「我年紀還小，所以什麼都不會」的想法呢？可以試著引導孩子思考：「那我會做什麼呢？」這樣一來，孩子自然就會回答：「我很會剪紙」、「我很會整理鞋子！」

千萬不要濫用謙虛，刻意謙虛容易造成自尊感低落，被社會框架限制住，到最後可能變得連自己都不認識自己。

如何讓孩子走在正確的道路上？

許多父母都知道培養寫作能力的重要性，因為寫作不只是侷限於文字，而是一種表達能力，與生活息息相關。遺憾的是，這世界上不會寫作的人很多。文章寫不好，通常是因為無法掌握文章的「架構」和「連貫性」，但觀察那些寫出糟糕文章的人，他們的人生也是一團亂。不管學了再多，也一樣無法好好表達自己的想法，因為無法把受傷的心情，如實地透過文字呈現。

雖然並不是每一個心理健全的孩子，都很會寫作；但至少對內心受傷的孩子而言，要他們把自己的想法透過文字寫下來，機率更是微乎其微。因此，這也就是為什麼父母平時應該多鼓勵孩子，盡可能讓孩子感受到滿滿的愛。如果為了獲得九十九個好處，必須在孩子的內心劃下一道傷口，寧可果斷放棄這九十九個好處，也不能讓孩子受傷，這才是真正為孩子好。因為站在孩子的立場，哪怕只是一點傷痛，都會讓他們難以承受。

・・・

想詢問正在閱讀這本書的父母們一個問題：「大家是用什麼方法哄睡孩子的？」或許會出現各式各樣的答案：像是為了讓孩子快點入睡，白天盡量讓孩子多活動，消耗他們的體力；或是睡前泡牛奶給孩子喝，避免睡到一半被餓醒。但孩子們的表現，往往和父母的期待相反。每次躺在孩子旁邊，等他們睡著，孩子不是瞪大著眼睛不睡，就是一直吵著要父母陪他玩。這到底是為什麼呢？燈也關了，體力也耗盡了，睡前奶也餵了，為什麼孩子就是不睡覺？

我通常這麼建議，「請先把燈打開，然後放下手裡的手機。」

孩子為什麼不容易入睡？因為在他們這個年紀，會覺得晚上一個人睡覺是很可怕的事情。把燈打開後，父母先閉上眼睛，靜靜躺在孩子身邊。然後，接下來這句話，希望父母們可以把它抄寫下來，並銘記在心裡。

想哄睡孩子，父母自己要先入睡。

如果父母心裡一直想著：「等孩子睡著後，才能放鬆喝啤酒追劇」、「孩子睡了，才能把還沒做完的家事做完」，孩子也一樣會變得不容易入睡。和孩子一起入睡，這也是父母對孩子表達愛意最簡單的方法。

愛，並不是在特別的時刻，用特別的方法表達。愛，是在日常生活中實踐的行為。哄孩子睡覺時，先把要做的事情拋在腦後，全然地陪在孩子身邊，和孩子一起入睡吧！不要想著等孩子睡著後，要離開房間去做其他事，享受待在孩子身邊，一起入睡的幸福吧！孩子會感受到父母這份心意和溫暖的愛，帶著愛進入夢鄉。

・・・

聽到很多人說：「最近的孩子問題很多。」事實上，兒童犯罪和行為偏差問題，確實出現增加趨勢。究竟原因為何？怎麼做才能引導孩子走在正確的道路上？該如何把脫離軌道的孩子拉回正軌？

這些問題的答案，只有一個，那就是「愛」。當父母對孩子付出愛時，孩子會滿心喜悅地接受，但當孩子內心傷痕累累時，那又另當別論，因為愛會從受傷破洞的地方流出去，即使父母付出再多的愛，孩子也感受不到。

真正的道歉，並不是說完對不起就好，而是要讓對方充分感受到真摯的歉意。對孩子的愛也是如此，如果孩子感受不到，就繼續把愛傳達給孩子，直到孩子感受到為止。要不斷地對孩子表達愛意，直到孩子能夠笑著擁抱父母，對父母說：「謝謝你們這麼愛我。」

孩子之所以無法輕易敞開心房接納這份愛，是因為長久以來內心受傷太深，而製造傷口的人，正是父母。因此，才更需要耐心、愛心、信任和擁抱。

孩子是看著父母的背影長大的。孩子們想要的，不是「在外面溫柔的父母」，而是「在家裡溫柔的父母」；不是「在外面成就非凡的父母」，而是「在家裡成就非凡的父母」。方法只有一個，就是每天向孩子表達心中滿滿的愛，盡可能讓孩子沐浴在愛中成長。這份愛只有父母能給予，用愛灌溉孩子的心田，陪伴孩子長大，這是最棒的教養方式。

如何培養出內心強大的孩子？

最近常常看到，在家長過度保護中長大的孩子，問題層出不窮。每當看到暴力、霸凌、殺人等青少年犯罪新聞時，都令人感到十分遺憾。明明應該好好長大的孩子，為何會做出這種舉動？原因是因為他們的心裡很脆弱，內心脆弱的孩子，很容易受誘惑而誤入歧途。

那麼，要怎麼做才能培養出內心強大的孩子呢？有兩種方法：

一、學會等待。

二、留給自己思考的時間。

在《先別急著吃棉花糖》（*Don't Eat the Marshmallow......Yet! The Secret to Sweet Success in Work and Life*）這本書中，提到能夠忍耐不急著吃棉花糖的孩子，長大後比較容易成功的理論，提出學會等待，是非常重要的事。然而，每次想起這個理論時，我心裡總會有個疑問：

「為什麼這麼重要的事，只有孩子需要學習？」

若是身為大人的父母，先以身作則示範給孩子看，孩子自然也會知道這麼做是對的，才能控制住自己不去吃眼前的棉花糖，不是嗎？想要培養出內心強大的孩子，父母也必須擁有內在強大的力量。身教重於言教，正面的身教，才是最有效的教養方式。如果想讓自己內在力量強大，必須要學會以下這兩件事：

1. 學會獨立自主

「來一場尋找自己的旅行吧！」

最近只要在前面加上人文學，就會變得特別火紅，像是在旅行前面，加上「人文」關鍵字，似乎就成為了催化劑。

「來一場尋找自己的人文之旅吧！」

如果不理解這句話為什麼有問題，可以試著思考以下四個問題：

為什麼尋找自己要按照別人安排好的規劃走？

為什麼尋找自己要跟別人一起去？

為什麼尋找自己一定要去歐洲或美國？

如果在國外找不到，那是要去外太空旅行嗎？

像康德（Kant）、尼采（Nietzsche）這些偉大的哲學家，他們一輩子都不曾遠離自己的家鄉，他們只是在居住的地方附近散步，就能領悟到足以撼動世界的哲學思想。我在《思考就是本錢》這本書裡也曾提過，當一個人在「此時此地」找不到自己時，不管在哪裡，都找不到「真正的自己」。當然，我們不是康德，也不是尼采，但我想表達的是，必須要理解真正的自我探索究竟是什麼。

真正的自我探索，必須靜下心來和自己對話，而不是拋開「過去的自己」，或是離開自己居住的國家，遠走他鄉。如果希望讓孩子內心強大，試著把上面提到的四個問題轉換一下，答案自然會出現。

- 讓孩子自己設定旅行計畫。
- 盡可能讓孩子練習獨立自主。
- 在公園也能找到自己的內在力量。
- 如果在公園找不到，即使去了歐洲也找不到。

通常一般家庭出遊時，父母會安排好旅遊行程，並做好各種事先準備。父母會有自己先入為主的想法，也認為孩子應該會喜歡。但就像前面提到的，這樣的旅行方式，孩子不會有所學習成長。

試著放手讓孩子規劃看看吧！可以讓孩子負責控管當天的旅費，或是讓孩子自己決定當天上午的行程，也可以讓孩子練習每天寫短篇旅遊日記，這些都是不錯的方法。

2. 學會等待、學會思考

印度靈性導師，同時也是第一位獲得諾貝爾文學獎的亞洲作家——詩人泰戈爾，他在學校念書時，並非成績優異的學生。我在《寫給爸媽們的人文學課》一書中也提過，泰戈爾在十一歲時，曾和父親一起到喜馬拉雅山，展開為期四個月的旅行。在那之後，他曾寫下當時的心情和感受。

> 旅人必須遍叩每一扇遠方的門，才能回到他自己的門；旅人必須遨遊所有外面的世界，最後才能到達他內心的聖殿。

誠如先前強調的兩種方法：「學會等待」、「留給自己思考的時間」，可以鍛鍊孩子強大的內在。泰戈爾正是透過這兩種方法，獲得內在強大的力量。而學會等待、學會思考這兩件事，必須從身為大人的父母開始做起。

生活在步調快速的社會中，我們變得越來越沒耐心，不願意聽別人把話說完、無法一步一腳印從初學者慢慢學習、沒耐心等待內心受傷的人療傷……。社會上所有的暴力衝突、仇恨厭惡和嫉妒心理，都是因為無法耐心等待，沒有留給自己靜下心來思考的時間。試著和孩子一起，把以下句子抄下來，在日常生活中練習等待，讓自己有思考的時間。

世界上內心最強大的人，
是能夠和自己獨處，
長時間靜靜坐著，把心安住在當下的人。

如果無法停下腳步，
去欣賞路邊盛開的一朵小花，
即使眼前的風景再壯闊，
也一樣不懂得欣賞。

當一個人內心有多強大，
格局就有多大。

啟發新思維的「歌德式閱讀法」

閱讀，是知識生活的基礎。然而，閱讀這件事，並不如想像中容易。就連文學造詣非凡，深受後世景仰的德國偉大作家歌德[1]，當他被問及「閱讀是什麼？」時，他卻回答：「我還不懂得什麼是閱讀。」因此，閱讀並不簡單，我們可能都還不曉得如何真正讀懂一本書。

我在《寫給爸媽們的人文學課》一書中曾提過，過去十年來，我幾乎把歌德視為父親般崇拜。從他身上，我學會如何思考，也學會透過觀察事物，從中獲得靈感，提升創作力。這十年來，不斷反覆閱讀歌德寫的書，我才開始稍微對閱讀有所理解。

以下將藉由《近思錄集解》這本書，跟大家分享我從閱讀歌德的書中，學到的一些閱讀技巧。《近思錄集解》是中國南宋哲學家兼教育家朱熹和學者呂祖謙共同編纂而成的書。之所以舉這本書為例，是因為它濃縮了哲學思想的精髓，蘊藏豐富的生活智慧。認真研讀《近思錄集解》這本書，能讓思維變得更清晰，同時也能拓展知識領域。如果孩子還在念小學，需要父母從旁引導，和孩子一起共讀；如果孩子已經是國中生，可以嘗試自己閱讀，鼓勵孩子相信自己做得到。

不能動人，只是誠不至；於事厭倦，皆是無誠處。

這個句子摘自《近思錄集解》，由於這本書是以文言文寫成，可以進一步思考

❶ 歌德（Johann Wolfgang von Goethe，一七四九—一八三二），被公認為德國最偉大的作家、詩人、思想家，除了有詩歌、戲劇和小說等創作外，也是一位科學家。代表作為《少年維特的煩惱》、《浮士德》等，對世界文學藝術影響深遠。

文字所要傳達的意義，重新詮釋解讀，並把它和生活做連結。試著和孩子一起大聲唸出來，再靜下心來慢慢抄寫。接著，透過以下四個階段的練習，把自己的想法和感受表達出來。

1. 調整句型：把句子修改為容易閱讀的句型

解析上述句子前，建議先把句子修改為較容易閱讀的句型，類似像這樣：

不能動人，只是誠不至；
於事厭倦，皆是無誠處。

試著調整句型，讓句子變得簡單易讀。句中蘊藏的涵義固然重要，但要成為經典名言，句子的「易讀性」很重要。倘若在書中，發現不好閱讀的句子，可以嘗試將句子修改成比較好閱讀的句型，提高閱讀效率。

2. 思考：解析文句的涵義

調整完句型後，開始思考文句所要傳達的涵義。像上述在《近思錄集解》出現的這句話，所要表達的意思如下。

存有一顆至誠的心，必定會對人們帶來影響。

這句話可以解釋成：「改變世界不需要多偉大的力量，只需要一顆赤誠的心。」也可以解釋為：「沒有微不足道的心意，只要是真心誠意，不管對任何人都能產生莫大的影響。」試著按照自己的方式，解釋文句的涵義，一面閱讀一面思考：「作者為什麼要寫這句話？」如果想更進一步融入感情，最好大聲把句子唸出來。因為光用眼睛看，字句只會停留在眼睛，但唸出聲音來，可以開啟耳朵、頭腦、心靈、皮膚等所有感官，讓自己彷彿經歷一場文字的洗禮。

3. 觀點：從自己的觀點切入思考

閱讀最重要的是「觀點」，因為觀點會決定閱讀的角度。沒有觀點的閱讀，就算讀再多也無法有任何收穫。如果是學生，要以學生的觀點解讀；如果是上班族，要以上班族的觀點解讀，這才是積極閱讀的方法。

如果是學英文的人，就要以學語言的觀點解讀。「無論英文能力如何，學英文最重要的，是擁有一顆熱愛英文的心。只要有一顆熱愛英文的心，必能學有所成。」選擇以適合自己的方式來解讀。無論是學習或是在工作各種領域，都必須從自己的觀點切入思考後再解讀。

4. 實踐：改寫成人生座右銘

「改寫」，是指帶著「目的」重新撰寫，依照自己的想法進行創作的過程。設定好目標後，把這句話當作是「座右銘」，帶領著自己前進。因此，第四階段非常重要，因為要寫出「指引人生方向的句子」。

改寫成適合自己的一句話後，接下來要落實在生活中。以下將藉由摘自《近思錄集解》的另一句話，說明如何實踐。

凡致思到說不得處，始復審思明辨，乃為善學也。若告子則到說不得處遂已，更不復求。

如果只是讀完就帶過，沒有經過反覆思考，生活不會有任何改變。如果讀完什麼也沒改變，閱讀的意義何在？想要提升閱讀成效，必須在讀完後認真思考，把體悟轉化成文字紀錄，並落實在生活中。只有自己真正思考實踐過後，才能驗證書中闡述的道理是不是真的。我們總是羨慕那些有成就的人，但他們其實也是經過不斷努力，反覆實踐和驗證的過程，才能有今日的成就。

在實踐的過程中，最重要的是「等待」。

一年聽三百六十五首古典音樂、一個月欣賞三十幅名畫，沒有人會用這種方式欣賞音樂和畫作。然而，「一年讀三百六十五本書」、「一個月內讀完經典名著」，為什麼要以這種方式逼自己閱讀？

書不是征服的對象，不要把閱讀當成提升自己的手段。書，是培養藝術眼光最好的工具。但就像欣賞音樂和畫作一樣，必須樂在其中，才能慢慢陶冶性情。不要用勉強硬逼的方式，而是發自內心去欣賞。

懂得等待的人，會慢慢培養出「屬於自己的獨特視野」，從相同事物中看見不同之處。試著在閱讀的過程，激發出自己一些新的想法。閱讀最終的目的，是把自己學到的東西，在生活中實踐。倘若我們能把「歌德式閱讀法」落實在生活中，看待事物的視角會變得不同，創造力也會大幅提升。

培養觀察力和創作靈感的筆記法

許多引領時代的藝術大師曾說道：「欣賞好的作品，自然會培養出好的眼光。但普通的作品多看無益。」

無論是美術、哲學、音樂、文學……這些不同領域的大師都說過類似的話。然而，這句話卻讓許多人感到困惑，「究竟什麼才是好作品？好的標準又是如何定義？」

判斷好作品的標準會因人而異，也會因為觀察的方式不同，而有不同的見解。有些領域需要透過蒐集資訊的方式，有些則是以統整的方式，才能觀察得更透徹。相較於上述這些方式，靠視覺鑑賞的領域，則必須以分析或拆解的方式觀察，才能從中學習到更多。因為視覺是人類被賦予最崇高的感受。

在梵蒂岡美術館裡，有一座高達兩米多的大理石雕像，稱為「勞孔群像」（Laokoon-Gruppe）。在特洛伊戰爭時，祭司勞孔為了阻止希臘軍隊攻打特洛伊城，違反了神的旨意，最後受到神的處罰，和他的兩個兒子被海蛇纏繞而死。而這座雕像，正是根據這段神話故事雕刻而成的作品。如果沒有看過這座雕像，不妨現在上網搜尋，好好欣賞並仔細觀察雕像的外觀。接著，想請問大家一個問題：

「歌德在觀察雕像時，運用相當獨特的觀察方法。假如你有機會站在雕像前，你會用什麼方法來觀察呢？」

我想答案大概大同小異，因為大家只知道培養觀察力是好事，卻從未針對具體的觀察方法多加思考。比起單純地觀察，歌德認為觀察的方法更重要。為了細細欣賞雕像的美，他利用「火炬」照明的方式來觀察，原因很簡單。

> 以火炬照明的方式，欣賞古代的藝術作品，更能彰顯作品的偉大。因為在一般的燈光下，看不出作品的美感和獨特之處。

歌德運用火炬照明的方式，仔細去欣賞作品的美感和特點。這也是為什麼雖然我們和歌德觀察相同的事物，卻看不出差異的主要原因。

再次試著仔細觀察勞孔群像吧！如果不大記得雕像的外觀，可以再打開手機查看。接著拿出筆記本，把觀察到的內容簡單地抄下來。觀察雕像時，不需要太過關注史實或背景故事，以直覺觀照的方式，聚焦在眼睛看到的部分去觀察，會更有效率。

「站在右邊的兒子，只被蛇纏住了手腳，沒有生命威脅，相較於其他兩人，狀況沒那麼危急。但在他的眼神裡，卻充滿了想要活下去的渴望。讓人不禁覺得，或許人們之所以有『想要活下去的渴望』，是只有在覺得自己『還有機會活著的時候』，才會產生這樣的希望。」

「父親勞孔的狀況就不同了，他整個身體都被蛇纏住，從肌肉線條的刻畫，可以看出他痛苦掙扎的樣子。他的臉不是朝向兩個兒子，而是望向天空，像是在等待死亡的來到。」

「站在左邊的兒子，表情呈現絕望的狀態，沒有任何掙扎，甚至放棄活下去的希望。」

每個人觀察的角度不同，看法可能也會不同。重要的不是看法本身，而是如何把自己觀察到的東西記下來，從中去發掘思考，並試著表達出來。這正是大師們為了提升專業知能，欣賞作品時所運用的方法。

・・・

曾和某位好友一起去聽演講。在聽演講的兩個小時裡，他一直在抱怨：「根本沒什麼內容！」、「像這樣的演講，我也會講。」、「無聊透了，一點意思也沒有！」整場演講裡，他的抱怨聲不斷，我卻寫了滿滿三頁的筆記。在我的筆記裡，沒有一句是演講者說的話，因為把演講者的話原封不動地抄下來，無法創造出屬於我自己的東西。而我的這位好友，不管遇到任何事情，總是習慣抱怨，這會出現什麼問題呢？倘若碰到不好的事情，無法改變自己的心態，情況絕不可能好轉。因此，要學會改變看待事情的角度，向優秀的觀察者們學習。以下幾個方法，是我從他們身上學到的「培養創作靈感的筆記法」。

1. 以空杯的心態學習

先問大家一個問題，為什麼和我一起去聽演講的朋友，他從演講者身上學不到任何東西？

原因在於心態，因為他是抱著「姑且一聽」的態度參加。就算演講內容空洞乏味，如果能以「積極進取」的心態學習，結果自然會完全不同。當一個人擁有正確的學習態度，不管在任何地方，都能汲取創作靈感。抱著「空杯的心態」學習時，得到的禮物就是——源源不絕的靈感。

2. 不斷思考再思考

前面也曾提過，必須不斷思考再思考。光是坐著聽演講，難以有所學習和收穫。無論演講者內容講得再好，那都是屬於他的東西。重要的並不是演講的內容，而是把聽到的內容，轉化成自己的體悟，落實在生活中。只是單純地聽演講者所說的話，一點意義也沒有。

那麼，應該要怎麼做？方法很簡單。聽演講時，先想想自己目前遇到的問題，從這個角度切入，去思考演講者說的每一句話。如果不去思考，不管聽到任何內容，也不會激發出特別想法。但開始思考後，就能從演講中獲得啟發。

3. 運用「三的法則」

接著，把心得寫在筆記本上。寫筆記的方法也很重要，要寫出好的心得筆記，最好使用「三的法則」。仔細觀察深受讀者喜愛的作品，可以發現這些作品都有一項共通點，都是以三的法則構成。

試著讓孩子練習運用三的法則吧！在遇到問題時，孩子自然會懂得從另一個角度切入，去思考問題的本質，更深入觀察和研究。

為什麼會發生這件事？

在這件事中，我能做的是什麼？

如果遇到這件事的人是我，我會怎麼做？

善用「三的法則」，也能培養孩子的「觀察力」、「邏輯力」、「創意力」：觀察力是從各種角度分析問題的能力；邏輯力是運用邏輯分析解決問題的能力；創意力是發掘各種可能性的想像力。

這麼做並不容易，就像同步口譯，必須在聽完對方的話後，經過理解消化後，再用自己的方式陳述表達。但這樣的能力並非與生俱來，而是經過反覆練習獲得的能力。我會在以下第四點中說明原因。

4. 才能是反覆練習而成的

「最好的藝術創作靈感，是反覆練習的收穫。」

這句話相信很多人都聽過，事實上，當展現深度藝術靈魂的藝術家，遇到懂得欣賞的藝術觀察家時，就表示這個國家的文化水平達到一定的水準。要培養欣賞藝術的眼光，並沒有特別的要求，只要擁有「熱愛藝術」和「懂得欣賞」的心即可。

當一個人真正熱愛某件事時，即使不斷反覆練習，也不會感到厭煩，更不會輕易抱怨，因為他們知道等待的過程是值得的。因此優秀的觀察家們，不會想一步登天，而是會耐心等待，充實自己的內在。就像有智慧的父母，會耐心等待陪伴孩子成長；有智慧的觀察家，也會持續等待，不斷累積成果。

．．．

如何分辨普通的觀察家和優秀的觀察家之間的差異？答案很簡單——「是否擁有對觀察的熱切渴望」。我某次在歐洲旅行時，曾去一間很少韓國人知道的美術館參觀。原本是想到處逛逛，細細欣賞這些作品，卻在那裡讓我看到一幕很震撼的畫面。當時，美術館的天花板上，有一整片金碧輝煌的壁畫，我努力把頭抬高，想好好欣賞美麗的壁畫。這時，有一群幼稚園的孩子們和帶隊的老師，也站在天棚壁畫下。孩子們聽完老師說：「好，現在讓我們躺下來好好欣賞吧！」便不假思索地直接躺在地板上欣賞畫作。這一幕讓我很感動，久久難以忘懷，因為這些孩子們讓我看到了什麼是「對觀察的熱切渴望」。才終於明白，歌德在欣賞勞孔像時，之所以會手裡拿著火把觀察，是因為優秀的觀察家們，除了自己也是創作者外，他們還會去想像創作者當時採取的姿勢，試著努力更貼近作品原本的樣貌。最重要的，就是要去了解創作者當時創作的心情。

每當我到達某個地方時，我都會把這趟旅程稱為「思考觀察之旅」。不過，即便我這麼說，聽到的回覆經常是：「不就是出國旅行嘛？」但也有人很喜歡「思考觀察之旅」這樣的說法，我喜歡和這樣的人聊天，因為他們總是抱著「欣賞」的心情，看待任何事物。如果希望能像那些偉大的創作者一樣，擁有源源不絕的靈感，就必須要學會靜靜地欣賞。試著引導孩子多去觀察，孩子會對各種事物更感興趣，也會更懂得欣賞。

教出優雅孩子的價值觀教育

看到孩子在餐廳大吵大鬧或跑來跑去妨礙別人用餐時，不管是誰都會生氣。在這種情況下，我會建議父母：「不要忍耐！」很多人這時候會把我這句話的意思理解成：「不要壓抑心中的怒氣，要表達出來。」但我想表達的其實是：「不要太過在意孩子」。因為需要「忍耐」，就表示內心對某件事感到「在意」，很可能會不小心引爆怒火，導致一發不可收拾的狀況。

「忍耐」表示自己陷入以下的狀況：「我輸給了自己的情緒。」、「我很在意別人的眼光。」

沒有人可以讓連名字都不知道的別人家小孩安靜下來，即使孩子被勸阻後稍微克制一點，但用餐過程中，還是會一直在意：「會不會等一下又吵起來？」也可能會對放任孩子不管的父母生氣，可能會心想：「真不知道父母是怎麼教育孩子的？」但這並不是我們可以干涉的事，應該試著去理解：「因為父母沒有告訴孩子這麼做是不對的，孩子才會這樣。」也不需要跟孩子說：「我會告訴你這些話，是為了你好，在公共場合大吵大鬧是沒禮貌的行為。」這麼說只是為了掩飾自己的憤怒，內心其實是想指責對方。

遇到不同的狀況，可能處理方式也會不同。但要記得在表達自己的想法時，不需要生氣。如果真的希望對在餐廳吵鬧的孩子和父母帶來正面影響，反而要更自在地享用美食，在他們面前展現優雅得體的用餐禮儀。通常人們不大容易接受陌生人的建議，卻會從他們的一舉一動觀察學習。言語影響行為，行為影響生活，當自己的生活改變了，世界也會跟著改變。即使是微不足道的小舉動，也能夠讓許多人的價值觀因此改變。

不管遇到任何狀況，如果父母能管理好自己的情緒，不輕易動怒，並能為他人著想，成為孩子的榜樣，孩子自然也會獲得良好的價值觀教育。因為孩子的價值觀，是從父母身上承襲而來的。

想教出舉止優雅，並擁有正面樂觀想法的孩子嗎？那麼，請父母們先閱讀以下句子，唸出聲音後，再抄寫下來並銘記在心。

當父母認真過好自己的生活時，
孩子也會活出父母期望的樣子。

・・・

以下將介紹一位值得父母和孩子學習的優雅典範——奧黛麗・赫本（Audrey Hepburn），她是享譽世界的演員。因演出《羅馬假期》（*Roman Holiday*）和《第凡內早餐》（*Breakfast at Tiffany's*）等多部電影，成為家喻戶曉的大明星，在全世界各地擁有超高人氣。但我認為她真正的魅力在於，她對公益活動不遺餘力。從一九五四年起，她持續不間斷地捐款援助聯合國兒童基金會，致力於幫助社會弱勢。二〇〇四年聯合國為了紀念她的善行，甚至以她的名字命名，制定了「奧黛麗赫本和平獎」獎項。奧黛麗赫本的母親從小就告訴她幾句人生箴言，要她謹記在心。試著和孩子一起閱讀以下這幾句話吧！

第一，待人要親切。親切是最好的禮貌，無論何時都必須善待他人。

第二，務必要守時。要尊重他人寶貴的時間。

第三，專注聆聽。和別人聊天時，不要說太多自己的事，而是專注聽別人說話。

第四，保持正確的姿勢。站要有站相，坐要有坐相。飲酒要適量，飲食要有度，時刻保持自制力。

第五，找到自己熱愛的事情。聆聽自己內在的聲音，不要太在乎別人的眼光。

這幾句人生箴言，對她帶來什麼樣的影響呢？她是這麼說的：「我的價值觀承襲自我的母親。」而她的母親，又是這麼說的：「我並沒有特別栽培我的女兒，我只是讓她懂得為自己的人生和存在感到驕傲。」

她的驕傲，也成就了她優雅的氣質。縱使戰爭奪去了她的所有，她卻沒有放棄或絕望，而是更堅強地活著，這一切源自於母親的教導。在戰爭當時，她是這麼說的：「雖然一無所有，但我們還活著，這樣就夠了，這才是最重要的。」

她的生命之所以美麗，不是因為外表，而是即使容華老去，隨著年紀增長，她所做出的選擇都是富有智慧的決定。比起外表，她更專注於內在，外表只是稍縱即逝的光芒，光芒終究會褪去。如果拚命想抓住會隨時間流逝而消失的光芒，只會讓自己活得很痛苦。過度在乎外表，就好比抓住一條會斷掉的繩子。因此，應該要追求的是，要怎麼讓自己持續發光，而不是光芒本身。她希望自己深愛的孩子們，也能夠像這樣活著，引用了詩人山姆．萊文森（Sam Levinson）的詩做為她的遺言。建議把以下這首詩列印出來，貼在冰箱或書桌前，讓孩子可以經常看到。

若要迷人的雙唇，請說親切的言語。

若要動人的雙眸，請看別人的優點。

若要窈窕的身材，請與飢餓的人分享你的食物。

若要美麗的秀髮，請讓孩童每天以指尖輕輕撫摸它。
若要優美的姿態，請記得走路時有人與你同行。

每個人都必須療癒自己的傷口，
要讓病痛和無知遠離自己，
然後，從痛苦中獲得救贖，
沒有任何人應該被放棄。

請記得，如果你需要幫助，
你永遠有一雙手可以自己幫助自己；
當你成長，你會發覺你有二隻手，
一隻手幫助自己，一隻手幫助他人。

——山姆・萊文森〈保持美麗的永恆秘訣〉（*Time Tested Beauty Tips*）

她並不是一個人，因為牽著許多人的手，即使跌倒了，也可以立刻站起來，而不致失去平衡，活出自己想要的人生。想要活得優雅，必須記得我們從來就不是一個人。一個人的姿態不管再美麗，都比不上願意伸出手為一個人付出的愛，也遠比不上願意牽起更多人的手，付出更多的愛，來得更加美麗。

透過讀、寫、說培養內在力量的人文學

本書的第一章，主要讓大家了解如何透過「閱讀、書寫、口語表達」，學習一天一篇人文學。針對閱讀和口語表達的部分，大多數人都沒問題，卻會煩惱「不知道該怎麼寫」。我在這本書裡指的「書寫」，其實就是「抄寫」。而人文學的抄寫，又和一般的抄寫稍微不同。

有陣子很流行抄寫，許多人都有抄寫的習慣，抄寫其實是很困難的，因為要手眼並用，而且比閱讀更花時間。再加上抄寫時，必須要很專注。

如果有人已經持續抄寫一年以上的話，那麼，想請問大家一個問題：「抄寫對生活帶來什麼樣的改變？」

許多人是這麼告訴我的：在聚會時，遇到一樣有抄寫習慣的人，有話題可以和他們聊天；可以和喜歡抄寫的名人互相交流；可以接觸到許多經典名作……等等。

但我想請大家反思：「抄寫究竟是為了什麼？」

抄寫，並不是為了認識名人，也不是為了累積人脈，更不是為了欣賞更多有名的作品，這些一點也不重要。

抄寫的目的，是為了改變自己，讓生活變得更美好。

・・・

最近社群網站上，酸民文化盛行。這些人好像是專門去學怎麼挖苦別人，用盡各種搞怪諷刺的手法毀謗對方。長期觀察酸民們的留言和日常生活後，我發現一件令人震撼的事。這些寫下惡意留言的人，某種程度上其實是內心受傷的人，他們只是藉由這些惡意的字眼，表達自己內心的悲鳴。這些人並不是道德淪落，只是心裡受傷。對內心受傷的人而言，他們需要的不是忠告或勸誡，而是發自內心真誠的關懷。如果用以暴制暴的方式，只會讓世界充滿敵對。

那些寫下惡意留言的人，他們自己也知道這樣做是不對的。但因為內在不夠強大，無法承受自己內心的傷痛，才會透過這樣的方式傳達。

我們其實也一樣，即使不是真的在網站上寫下惡意留言，在生活中也會經常發脾氣。當心裡的傷痛還在，內心的怒火也會變得難以遏制。在這個世界裡，很多人的心都受了傷。

「因為愛所以受傷，因為受傷而成長。」歌德用一句話，道盡了自己的一生。歌德對這世界和人們的熱愛，讓他因此受傷。為了療癒內心的傷口，他養成了日常書寫的習慣。有時候也會把日常生活中的感受，用圖畫或文字記錄下來，而不是只侷限於抄寫而已。

試著走出戶外吧！去欣賞雲朵的流動、聆聽潺潺流水的聲音、感受冷冽的寒風、呼吸新鮮的空氣、看見冬天離開、春天的腳步緩緩到來……用心觀察世界，一一記錄下來。當養成這樣的習慣後，即使只有自己一個人，也能無所畏懼，這正是培養出內心強大孩子的靜心書寫法。

歌德從六歲開始就會寫詩，換句話說，他從六歲時就懂得靜心書寫的方法。在這裡，我們必須要意識到這句話真正的涵義。如果聽到歌德六歲就會寫詩，想法只停留在「歌德果然是天才啊！」，就會錯過更重要的事情。值得注意的是，那些偉大的人物們，都會留給自己靜心書寫的時間。透過觀察歌德的生活，我研究出幾項培養孩子內在力量的書寫法，重點整理如下：

1. 用鉛筆寫在紙上

這是最基本的原則之一，就是用鉛筆寫在紙上。

原因很簡單。首先，可以體驗到慢慢書寫的平靜，也可以感受到手指頭和手腕的疼痛感。雖然過程緩慢，卻能在一筆一劃的書寫中，體會到字字句句刻劃在心裡的深刻。當明白努力有所代價時，對孩子的學習會很有幫助。

再來，書寫是刻劃在心裡的痕跡，一個人的字跡可以反映出他的內心世界。字跡看的並不是字體的外型，而是寫字的人的內心狀況。「字跡」就是「心的痕跡」，和孩子一起留心觀察書寫時的動作和字跡吧！書寫的另一項樂趣在於，可以更貼近了解自己的內心。

2. 父母和孩子各自寫下心情，再公開分享

孩子或大人都一樣，不管是誰都會經歷生活中的痛苦。想適時療癒內心的傷痛，除了抄寫別人的名言佳句，最好寫下自己的感受。

可以試著和孩子一起經營社群媒體，父母和孩子每天都可以寫下自己的心情記事，將閱讀權限設為公開分享。因為自己寫完只有自己看，就好像把受傷的心情放在箱子裡封印起來一樣，內心的傷口不會自己好起來，而是要透過和別人討論分享，用這樣的方式療傷。

當然，要把自己的想法和心情公諸於世，並不是件容易的事，可能會因此被批評或指責。但要記得，不管文筆再好，都有可能會被批評，這就是文字創作者的宿

命。抱著「即使會被批評也要寫」的覺悟，盡情去寫吧！不要被別人的話影響，經歷過這個過程後，孩子和父母的內在都會變得更強大。

想透過書寫療癒自己內心的傷痛，就不能太在乎別人的想法，而是要把焦點回歸到自己身上。太在乎別人的想法，會一直想迎合別人，寫出來的內容就會失去原本真正想表達的想法。最後，寫出來的只是「給別人看」的東西，而非自己的東西。當發自內心寫出來的文字，雖然可能會被某些人批評，但也有人會深受感動，藉此找回自己的力量，獲得重新開始的勇氣。當遇到跟自己有同樣悲傷經驗的人，有時反而會因此感到安慰，因為可以互相關懷扶持，療癒彼此內心的傷痛，試著讓孩子理解這個過程的重要性吧！

3. 建議父母和孩子分開來獨自書寫

歌德曾說過：「只有把自己與他人隔絕起來，埋首於自己的世界中，才能創造出最偉大的技術。」孤獨的英文單字是「alone」，原本的字義是「all one」，意思是「完整的一個人」。因此，要記得我們並不是「被迫一個人」，而是「完整獨立」的存在。縱使孑然一身，也能夠堅強勇敢，靜心書寫是其中的一種鍛鍊方式。可以定期一個月一次舉辦聚會，和別人分享書寫的心得，但建議獨自進行。因為靜心書寫這件事情，不是為了做給別人看，而是全然為了自己。和孩子一起靜心書寫時，可以在同一個空間一起寫，但最好還是給彼此一些空間，在各自的房間獨自書寫。

4. 書寫時，暫時關掉手機吧！

最近搭捷運時，經常可以看到十個裡有九個乘客，不是戴著耳機聽音樂，就是眼睛直盯著螢幕看，儘管只有短短一小時，即使家人就在身邊，也一樣低頭滑手機，完全不理對方。我們到底在看什麼？我們看的東西真的有這麼重要嗎？我們看見的不是這個世界，而是握在手裡的手機，腦袋放空盯著螢幕裡的畫面。也因此讓我們失去了獨立思考的能力，不是嗎？

抄寫，不光只是單純地把某人的文章，一字不漏地抄下來。必須要理解的是，它其實是一種融入自己想法在裡面的創作行為。不會獨立思考的人，他們的世界是千篇一律的，就好像每天看著自己製作的影片不斷重複上映一樣。

關掉手機、電腦，去看看這個世界吧！你所看到的一切，所說出的每一句話，才是你的心，才是你的日常生活。不要只看自己想看的，也不要只看自己喜歡的，唯有這樣，才能真正看見「眼睛看不見的東西」，那些距離遙遠看不見的東西，只有用心才看得見。

從今天起，和孩子一起關掉手機，練習書寫吧！哪怕只是寫下一行字，那就表示願意跨出更靠近內在的感受。抄寫完一整篇原文，就表示願意面對自己受傷的靈魂傷口。文字，是療癒受傷靈魂的一種方式。靠聽音樂、看電影、閱讀撫平不了的傷口，透過文字書寫的方式，撫平內在的傷痛。在書寫的過程中，我們才能真正感受到自己，看見受傷難過的自己、安慰痛哭流涕的自己、擁抱站在懸崖的邊緣垂死掙扎的自己，藉由書寫的方式療癒自己。

Chapter 2

不斷累積

覺察內心感受

讓孩子懂得獨立思考的閱讀習慣

隨著季節和流行不同，孩子們穿的衣服類型和顏色也不同。然而，孩子們並不是按照自己的喜好，而是跟著「群眾的喜好」挑選。孩子們之所以只穿知名品牌或時下流行服飾，是因為他們不夠了解自己，不知道自己喜歡什麼顏色，也不知道自己適合什麼衣服，只好「跟著流行走」。因此，要讓孩子知道自己的「與眾不同」，不需要盲目跟隨流行，而是要穿出屬於自己的風格。但重點並不在於穿衣服這件事，而是要讓孩子學會獨立思考。那麼，該如何培養孩子獨立思考的能力？

許多父母雖然很愛孩子，卻不知該如何引導孩子思考。一到週末假日，瘋狂替孩子排滿各種活動，帶孩子去看舞台劇、看電影、看展覽，希望給孩子各種不同的體驗。這麼做其實並沒有不對，只是他們忘了一件事——「讓孩子從體驗中學習思考」。

孩子記得的不是和父母去過哪裡，而是和父母一起相處的時光。孩子不會記得去吃過哪間高檔義式餐廳，卻會記得吃義大利麵時，臉上沾到番茄醬，和父母度過嘻笑的歡樂時光。重要的不是帶孩子出門，而是帶孩子出門時，讓孩子的內心深處，留下和父母相處的寶貴回憶。帶孩子去旅行時，孩子需要的不是嚮導，父母不需要擔任導遊的工作，替孩子決定觀光景點和適合拍照的地方。父母應該做的，是幫助孩子在旅行時，讓他們學會獨立思考，自己決定要去哪裡玩，在哪裡拍照。

玩玩具也一樣，不是買各式各樣的玩具給孩子玩，而是讓孩子學會從一種玩具中，發現十種不同的玩法。因此，不需要經常買玩具給孩子。買越多玩具給孩子，他們很快就會玩膩，也不去發掘同一種玩具的新玩法。每個孩子天生都具有豐富的創造力，他們之所以會失去創意，不懂得思考，原因在於父母。

明明對孩子吃下肚的食物，都會經過悉心挑選，但為何塞給孩子大腦的東西，卻是沒什麼營養的「速食產品」？沒有經過思考，只是一味接受的資訊，跟速食產品沒什麼兩樣，無法替孩子的大腦供給足夠的養分。只能夠獲得暫時填飽肚子的滿足感，對孩子的成長毫無助益。

要培養孩子獨立思考的能力，父母必須先從改變共讀習慣開始著手。孩子需要的，不是琳瑯滿目的書本，而是幾本真正喜歡的書。最重要的，是要和孩子一起共讀，從旁引導孩子練習進一步思考。

1. 挑選比孩子目前程度再高一點的書籍

挑選適合孩子程度的書籍，是很重要的。太過艱深的書籍，孩子難以理解，無法啟發孩子的思維。但如果內容過於簡單，也很難刺激思考。最好挑選「比孩子目前程度再高一點的書」，讓孩子可以透過反覆閱讀，試著去理解書中的內容，進而提升思考創造力。如果不這麼做，「思考引擎」就無法啟動。想要理解書中的內容，孩子自然會開始思考，藉此激發孩子獨立思考的能力。

2. 讓孩子盡情享受閱讀的樂趣

當孩子充分理解書中的內容後，才能在腦海中盡情想像，沉浸在思考中。閱讀大師們曾說過：「不需要讀太多的書。」與其讀完一百本書，還不如真正讀透一本書，效果來得更好。因為只要能充分理解其中一本書，即使剩下的九十九本書還沒讀過，光知道故事的內容大綱，就能憑空想像去發揮創造後續的故事。重要的不是閱讀作者的想法和故事，而是讓孩子擁有創造屬於自己故事的能力。讓孩子盡情享受閱讀的樂趣，這才是最重要的。

3. 信任孩子並學會等待

即使孩子無法完全理解書中的內容，或是閱讀理解的方向有誤，也不必太過擔心。孩子並不是不懂，而是嘗試用自己的方式去理解，需要花一些時間。許多父母在孩子閱讀完後，和孩子討論問孩子問題時，心裡早已有預設答案。當孩子回答的不是「標準答案」時，父母會擔心孩子是不是沒有讀懂。但閱讀並不像數學一樣有固定的標準答案，並非孩子的答案有錯，只是思路不同而已，這也是孩子嘗試獨立思考的證據。不要因為得不到自己想要的答案而感到難過，當孩子的回答超乎想像時，試著去欣賞孩子的創意吧！

舉世聞名的人文作家們，留下許多經典作品，但要完成這些作品，需要的並不是豐富的歷練，而是創造力。即使一輩子只待在自己居住的國家，看著同樣的地方，但看事物的角度不同，也能以不同的層次去思考創作。並不是出遠門旅行就能讓靈感源源不絕，而是要練習運用不同角度思考。

重要的是學會在「此時此地」，嘗試發掘出「不同的東西」。觀察並感受這個世界，就從「此時此地」開始。

送給孩子的人生金句 01

創意是經過長時間的思考

曾經有人以韓國和紐西蘭孩子為對象，進行某項創意力測試。測試的方法很簡單：在一張紙上畫了水杯形狀後，讓孩子接著畫完。

韓國的孩子們聽完指示後，什麼也沒問，就立刻著手開始畫畫，但紐西蘭的孩子卻不是這樣。

「紙的方向可以旋轉嗎？」

「可以給我一把尺嗎？」

他們提出各式各樣的問題後，才開始動手畫。針對這項測試，多數專家們列舉了各種證據，認為紐西蘭的孩子們更富有創意。

但從更深入的角度來看，不只是紐西蘭的孩子，其他先進國家的孩子們也是如此。經過長時間研究後，我發現一件事，其他國家的孩子們，之所以比韓國的孩子更富有創意，是因為他們「不急著完成任務」。

接下來，和孩子一起抄寫以下這句話後，再想想看這句話的涵義吧！

一般人只會盲目追求速度，但欲速則不達，專業是要靠時間的累積。創意，取決於是否有足夠的時間深度思考。

這句話非常重要，因為沒有時間限制，就不會有壓力，才會不斷思考：「還有沒有更好的方法？」不會就此打住，而是會繼續努力找出更好的辦法。但當孩子在寫作業或完成某項任務時，有些父母會一直追問孩子：「什麼時候才可以寫完？」、「你知道時間已經過了多久嗎？」如果過了一段時間，孩子還是沒完成，甚至會對孩子說出：「動作這麼慢，我看你長大該怎麼辦？」這種傷人的話。這些話會造成孩子內心的傷害，扼殺孩子的創意。孩子被迫停止思考，一味追求速度，因為只有快點交出像樣的成果，才不會被罵。

孩子為了求好求快，失去了純粹的創意，循著別人的腳步前進，複製別人的人生，這就是目前韓國面臨的現況。

如果希望孩子可以發揮創意，學會自主思考，應該給孩子更多時間，讓孩子自己摸索，走出自己的路。但為何又總是喜歡給孩子時間限制？要孩子跟別人走一樣的路？

要記得一件事，每個孩子都是天才，只是我們給孩子的時間還不夠多，允許孩子們失敗犯錯，給孩子更多時間吧！

父母的教育重點 01

父母的想法決定孩子的未來

「如何培養孩子獨立思考的能力？」

這是許多父母們都會問的問題，往往我回答的第一句都是：「不要讓孩子看手機，讓孩子多閱讀吧！」

當我給出這樣的建議後，百分之八十的父母，會反駁我：「老師您應該沒帶過小孩吧？」、「怎麼可能不給孩子手機？」、「這道理誰不知道！」

不過，還有百分之二十的人，會嘗試解決問題，他們通常會問：「要怎麼樣才可以做到不給孩子手機？」、「現實生活中有可行的方法嗎？」、「我再讓孩子試試看這個方法。」

真正想解決問題的父母，會設法找出最好的方式。

「從我自己開始做起，放下手機吧！」

「關掉電視，以身作則拿起書本閱讀吧！」

「和孩子一起體驗閱讀的樂趣和感動吧！」

應該要朝「要怎麼做才好？」的方向來思考，才能激盪出各種可能的解決方式。如果一開始就先質疑：「這道理誰不知道？」到頭來，問題還是會回到自己和孩子身上。

雖然有些方法的確無效，但成功的方法，必須經由反覆思考激盪出來。一開始想到的方法可能不管用，但為了孩子的未來著想，必須不斷嘗試摸索，一定會找出最好的方法，生命自會找到出路。

激發孩子潛能的關鍵時刻

德國著名作家歌德，他之所以成為傳奇人物，是因為他在三十歲那年，憑自己的力量受封為貴族。除了寫作外，他在經濟、科學、美術、音樂、自然、政治等各項領域，也都佔有一席之地。即使十個人活了一百年，也很難做到的事，歌德在他的一生中做到了。他成功的方法究竟是什麼？

關鍵在於歌德父親的教育方式。雖然歌德的母親，在睡前念故事給他聽，讓他發揮想像力完成後續的故事，對年幼的歌德來說，也是影響深遠的人。但歌德母親對他的教育方式，已是廣為人知，再加上這並不是造就歌德多才多藝的主因。因此，接下來要談的內容，主要是關於歌德的父親。

歌德的父親繼承了豐厚的遺產，曾擔任皇家顧問，生活優渥富裕。然而，父親終其一生並未在事業上有卓越的發展，他把一切歸咎於自己並非貴族出身。因此，他希望歌德長大後，能在事業上飛黃騰達，躍身為貴族，揚名立萬。於是，從小就替歌德聘請一流的家教老師，學習科學、文學、宗教、藝術等各種科目。

或許有人會說：「要是我父母也這麼用心栽培我，我也可以像歌德一樣！」不過，重點並不在於歌德從小學了多少才藝，也有很多父母像歌德的父親一樣，抱著望子成龍的心情，把所有的資源挹注在孩子身上。但為什麼卻事與願違？身為父母的我們，必須要不斷問自己的是：「我跟歌德的父親有哪裡不一樣？」才能從中找到答案。

送給孩子的人生金句 02

每一個孩子都有無限潛能

歌德小時候住的房子，二樓有一扇很特別的窗戶。原本在蓋房子時，並不打算做這扇窗戶，因此窗戶的外觀和房子整體設計很不搭。不過，歌德的父親，卻堅持要有這扇窗戶，這是為什麼呢？

有人說，那是歌德的父親，為了監督歌德所做的窗戶。事實上，一部分的原因確實是如此，因為從窗戶往外看出去，可以清楚看見外面的大馬路，看到歌德上下學的樣子。但除此之外，還有其他值得我們思考的地方。如果抱著批評或負面的想法看事情，不會有任何收穫。只有開始嘗試思考「一定有什麼特別的原因」，才能看見不同的風景。

抄寫以下句子後，試著揣測歌德父親蓋窗戶的心情吧！

仔細觀察窗戶，可以看見木框窗台磨損嚴重的痕跡。
想必應該是經常站在這裡，用手肘倚著窗台望著兒子，
木框才會凹陷下去吧？
之所以會蓋這一扇窗戶，是因為父親對兒子的關愛至深。

父母的教育重點 02

金錢無法激發孩子的潛能

光以金錢的角度來看，很容易只看見歌德家的豪宅，以及父親為他聘請的家教老師們。但如果看到的不是錢，而是父母對孩子的心意，就會看見沒人會注意到的窗台凹陷處。

你看見的是什麼呢？

事實上，錢可以做到的事情，是最容易不過的事。然而，激發孩子潛能的關鍵因素並非金錢。是父親的愛，激發了歌德的潛能，因為愛讓一切變得有可能。

不妨練習體會歌德父親守護年幼兒子的心情吧！試著想像父親倚著窗台，等待和望著孩子的那些時光，是否感受到父親對兒子的愛？

這次，不需要抄寫，而是用心去感受，感受圍繞在身邊的空氣和溫度，在心中刻畫下父親對年幼歌德深刻的愛。讓孩子也充分感受到這份愛吧！

培養同理心和體貼心的觀察法

孩子長大後無論做任何事，都必須擁有一顆善解人意的心。那麼，怎樣才能讓孩子學會體貼別人？這當然不是件容易的事。但如果能夠記住這句話，相信會對練習培養同理心有所幫助。

「在我最難受的時候，一定有人比我更難受。」

醫院和藥局，是最適合練習培養同理心和體貼心的地方。很重要的一點是，不要以外表去判斷別人的痛苦，這樣的偏見對別人是不公平的，要練習的是，察覺別人沒有說出口的痛苦。

一般而言，醫院和藥局會在同一棟大樓裡，藥局通常會在一樓。大部分的人都知道這件事，但我們卻鮮少會注意到，坐在門口警衛室的警衛。

我經常去的一間醫院，共有六個樓層。每個樓層都有診間，要前往各樓層的診間，從正門進去後，必須搭乘警衛室旁邊的電梯上樓。你也可以試著在腦海中，想像自己經常去的醫院畫面，接著聽我說故事吧！

· · ·

在炙熱的夏天裡，令人訝異的是，和一樓警衛室相鄰的藥局大門是開著的，因而能和警衛室共用冷氣。冬天也一樣，會打開暖風機和警衛室共用暖氣。我從來沒有見過任何一間藥局這麼做，看到藥局大門敞開的畫面，內心深受感動。雖然警衛室裡也有暖爐，但進出醫院的人潮眾多，門平均每分鐘會打開一次，冷空氣不斷灌入，靠暖爐根本起不了作用。不過，對藥局而言，要敞開大門和警衛室共用冷暖氣，並非容易的決定，因為這樣一來電費會高出許多。為什麼藥局老闆會願意這麼做呢？

直到最近，我才發現原因。那天，天氣很冷，溫度逼近零下十度，剛好遇到電梯故障。警衛伯伯站在貼了「維修中」告示牌的電梯門口前，畢恭畢敬地向每一位進門的人致歉。

「真的很抱歉，因為天氣太冷電梯故障，目前正在維修中，要麻煩您爬樓梯上樓，造成不便之處，真的很不好意思，謝謝您的諒解。」

警衛伯伯帶著親切的笑容，溫柔地對待每一位進醫院的人。來到醫院的人們，即使必須爬到六樓再下樓，也絲毫沒有一句抱怨。無論是小孩，還是小孩的爸媽，甚至連年邁的老爺爺，離開時還笑著對他說：「好久沒運動了，剛好趁這個機會可以爬樓梯活動筋骨，真不錯！」他們雖然彼此互不相識，看起來卻像感情融洽的家人一樣。看到宛如家庭電影般的溫馨畫面，我想這就是為什麼，警衛伯伯會讓人願意為他付出關愛，因為他對別人也是如此。

送給孩子的人生金句 03

什麼才是真正的關心他人

要學會真正體貼和關心他人，必須先了解對方，才能好好表達自己的關心。像觀察大自然一樣，養成習慣練習觀察他人的心情、言語和行為，藉此提升自己的覺察力。

以下這首詩，是我從歌德身上學到何謂「完美的觀察」。

看世界不是用眼睛看，是要用心去看，看的是本質，而非表面。

如果未曾凝視著陽光，流下喜悅或悲傷的淚水，代表未曾真正感受過陽光。

我們之所以總是渴望愛，正是因為沒有好好感受過陽光，不知道什麼是溫暖的愛。

父母的教育重點 03

不是用頭腦，而是用心看世界

從喜歡的戀人身上，可以學到被愛的祕訣；從討厭的人身上，可以發現他們討厭的原因。人生中必須要知道的事情，在生活中往往容易被忽略，問題在於即使看見了，也沒有察覺到。

就像前面詩中提到的，我們應該要用「心」看世界，而不是光用「眼睛」去看，要看到事物的本質，而非表面。如果沒有留心去觀察感受這個世界，長大後可能即使看到警衛伯伯認真工作的樣子，內心也不會有所感動或覺察。

不要認為自己很了解別人，也不要覺得是微不足道的小事就忽略，要用心去關心別人，留心觀察身邊的事物。

看到別人難過痛苦時，給予溫暖的慰藉與關懷。用一顆美麗的心看世界，世界會讓你看見更多未曾看見的美好。

培養獨創力的「里爾克寫作法」

近幾年，人工智能大幅改變人類的生活，出現許多像這樣的新聞報導：「未來十年內哪些工作會消失？」、「哪些工作不會被機器人取代？」

每次看到這種新聞，都會讓父母們憂心忡忡。原以為自己生活的時代已經夠辛苦了，但一想到孩子們未來要面對的世界，競爭似乎更激烈，不免為此感到擔憂。誰也不知道明天會發生什麼事，如果希望孩子不管遇到任何時代的變化衝擊，也依然屹立不搖，反而在經過時間的淬鍊後，能夠擁有更強大的競爭力，就必須培養孩子的「獨創力」。獨創力來自「活出自我的力量」，也是屬於自己獨一無二的核心競爭力。

世界知名詩人里爾克（Rainer Maria Rilke）是一名早產兒。自幼體弱多病的他，之所以能成為優秀的詩人，來自於他在孤獨中鍛鍊出來的獨創力。即使所處的環境相同，看到同樣的事物，他卻能寫出不一樣的東西，寫出來的文字與眾不同。然而，里爾克並不像其他天才詩人一樣天賦異稟，從小就能夠寫出驚為天人的詩。知道這一點後，讓人放心不少。因為這意謂著無論是誰，只要願意努力，就能像里爾克一樣，成為富有創造力的人。以下將介紹里爾克親自傳授「培養獨創力」的兩大心法。

1. 避免閱讀批評性的文字

這類型的文字，大多會出於某種目的，刻意偏向某一方的觀點，賣弄文字遊戲。因此，最好盡可能避免閱讀具有批評性的文字，反而要多閱讀以正面角度，去發掘美好事物的文字。因為創作就是「不斷地去發掘美好」，從正向思考出發。

2. 如果覺得是對的，就追隨內心的聲音吧！

要提升獨創力，必須聆聽內在的聲音。倘若無法全然地信任自己，可能是因為內在力量還不夠強大。但無論如何都要相信自己，學會獨立思考判斷，不受任何事物限制。忠於自己的特質，發揮屬於自己的力量。

送給孩子的人生金句
04

練習保有一顆寫詩的心和等待的心

當你抱著批評抱怨的心態，是不可能擁有「獨創力」的。因為批評和抱怨本身，不具有創作的能量。此外，如果覺得自己是對的，要信任自己的想法和判斷，聽從自己內心的聲音。因為創作必須要靜下心來，在等待的過程中，慢慢創造出屬於自己的作品。

要成為具有獨創力的人，每天都要抱著寫詩的心情，用心去感受生活。試著和孩子一起閱讀以下文字，並把它抄下來，和孩子一起討論吧！

里爾克曾說：「樹木不會隨便流出樹液來保護自己。即使遇到冬天的暴風雪，樹木也依然屹立不搖，更不會去擔心暴風過後，春天是否會到來。」

大自然懂得等待，經過漫長歲月，在信任和溫暖的愛中孕育成長。

大自然從不在匆忙之中寫詩，從大自然寫的詩，好好去感受那份詩心吧！

喚醒孩子的頭腦和內心

在光禿禿的樹幹上冒出新芽，可以說是奇蹟，是大自然創作出來的詩歌，無法用言語形容的震撼，這就是大自然的創造力。因此，世界上的哲學家和思想家們都認為：「大自然是最具有獨創力的，如果不懂得向大自然學習，將永遠跟隨別人的步伐，複製別人的生活。」

倘若孩子無法理解上述這句話的意思，或是不明白為何一定要向大自然學習，可以讓孩子看以下這段文字。

就像搭車時，如果睡著了，只記得起點和終點，會錯過沿途的美景。世界獨樹一幟的美麗，只有醒著的人才看得見。

要培養孩子的獨創力，就把孩子從沉睡中喚醒，讓他（她）的人生活得像詩一樣美吧！

提升專注力的「牛頓思考法」

仔細觀察世界各國的硬幣，可以發現硬幣邊緣都不是光滑圓潤的，而是像鋸齒紋一樣凹凸不平。

「為什麼硬幣邊緣要有鋸齒紋呢？」

試著和孩子一起想想看，每種現象都一定有它的原因。

硬幣邊緣之所以會刻上鋸齒紋，其實是因為人性的貪婪。過去的硬幣，是用金和銀製成的。當時的硬幣，是靠工匠手工印上圖案印製貨幣。因為金銀本身很值錢，有一些貪心的人，會偷偷地把硬幣邊緣剪掉。為了防止這種現象，後來才會在硬幣邊緣刻上鋸齒紋，提升貨幣的價值。未刻上鋸齒紋的瑕疵硬幣無法流通，這種情況也跟著漸漸消失。

講到這裡，孩子聽完可能還是興致缺缺，重點在於後續的延伸活動。這時候，可以拿出不同面值的硬幣，讓孩子自己數各種面值硬幣的鋸齒數，提高孩子的學習興趣，培養孩子獨立思考的能力。

從大韓帝國時期，韓國開始把硬幣的邊緣製成鋸齒狀。目前所使用的硬幣，隨著面額不同，硬幣上的鋸齒數也不同。五十元的鋸齒數是一百零九，一百元是一百一十，五百元是一百二十。如果想讓孩子更深入了解，可以試著激發孩子的好奇心，問他們：「這樣的設計到底是誰發明的呢？」

最早發明硬幣鋸齒狀設計的人，是發現萬有引力定律的英國科學家牛頓❷。大

❷牛頓（Sir Isaac Newton，一六四三—一七二七），英國數學家、物理學家、天文學家、自然哲學家和煉金術士。一六八七年，他發表論文提出「萬有引力」和「三大運動定律」，奠定此後物理學和天文學的發展基礎。

家都知道牛頓是科學家，但他的成就不僅如此。他除了進軍政壇擔任國會議員，晚年時還擔任皇家鑄幣廠監管。當時，英國造偽幣的問題層出不窮，為了防止這樣的行為，牛頓想出了在硬幣上刻上鋸齒紋的方法。牛頓之所以能在各方面發揮長才，正是因為「專注」。這裡所謂的專注，不只是把注意力集中在某個地方，而是「全神貫注投入思考」。專注的人，看事情的角度也不一樣，因為他們會觀察入微，抱著「追根究柢」、「實事求是」的心態積極思考。因此，他們具有迅速覺察事物全貌的能力。一刻也停不下來，每分每秒都在思考，不斷從同樣的事物中，發掘不同的層面。

當牛頓專注在某件事情上時，會非常投入並且不斷思考。無論是走路、喝水，生活中無時無刻都在思考。牛頓之所以能夠發現萬有引力定律，也是因為他從來沒有停止思考。眾人眼中的天才科學家——愛因斯坦[3]也是如此，他曾說過：「學習知識要善於思考、思考、再思考，我就是靠這個學習方法成為科學家的。」學會專注思考，就能改變人生。

送給孩子的人生金句 05

「耐心」是最珍貴的寶藏

對於自己的成就，牛頓曾說過：「因為我站在巨人的肩膀上。」所謂的巨人，其實是「專注投入知識的自己」。牛頓的求知慾旺盛，對數學、物理學、光學等各種領域都很感興趣。能夠全神貫注投入在自己感興趣的事物上，正是他可以擁有超越常人成就的緣故。

牛頓喜歡動物，他養了一隻貓，和貓咪住在一起。但他只要一遇到問題，就會

❸ 愛因斯坦（Albert Einstein，一八七九—一九五五），德國猶太裔理論物理學家，是二十世紀最重要的科學家之一。

陷入沉思，連飯也忘了吃。這時候，他的貓咪會自己爬到盤子上，把他剩下的食物吃完，貓咪也變得越來越胖。當他發現這件事時，已經是很久之後的事了。因為他只要專注在某件事情時，就會心無旁騖，不受任何事物影響。

偶爾會有客人來訪，但他只要沉浸在思考裡，就無法自拔。有一次，客人來家裡找他，他拿著葡萄酒到書房要招待客人。結果，他突然一言不發地坐下，放下手中的葡萄酒，拿了一張紙開始寫個不停。這是為什麼呢？因為他想要趕快把想法紀錄下來。不管在任何情況下，只要腦海中一有想法浮現，他就會忘記一切，立刻拿紙把他的想法寫下來。他從小就喜歡研究新奇的事物，只要是他感興趣的事情，便會全心全意地投入。

因此，他總是沉默寡言，不斷地思考。要讓孩子立刻學會像牛頓一樣的專注力和思考力，當然是不可能的。不過，可以試著和孩子一起了解認識牛頓，把他說過的名言佳句抄下來，學習牛頓的精神。和孩子一起閱讀以下這段話，並把它抄寫下來吧！

我不知道世人如何看我，但在我自己看來，我就好像只是在海邊玩耍，時而發現光滑的鵝卵石，時而找到美麗的貝殼，為此雀躍不已的孩子。

而在我面前的，仍是一無所知蘊含著偉大真理的海洋。

大自然就像是一台依循著一定的法則，不斷運行的複雜機器，想要更進一步了解，就必須堅持到最後，「耐心」是我畢生最珍貴的寶藏。

——牛頓

父母的教育重點 05

教孩子如何「專注」

所謂專注的秘訣，其實是「耐心」。只有堅持到最後的人，才可以感受到專注的喜悅，也才能抓住創造的機會。提出生物進化論，為生物學界發展做出巨大貢獻的查爾斯・達爾文（Charles Darwin）也是如此。小時候，他曾經手裡各握著兩隻甲蟲，但因為太過專注抓另一隻甲蟲，直接把其中一隻甲蟲塞進自己嘴裡，讓自己吃了不少苦頭。達爾文跟牛頓一樣，當他們專注做某件事情時，會心無旁鶩，忘卻一切事物。到底是什麼力量，讓他們如此專注？

最重要的關鍵，在於享受過程。據了解，牛頓研究煉金術和聖經的時間，遠遠大於物理學。讀到這裡，如果認為他只是單純喜歡其他領域，更勝於物理學，代表只讀懂了一半。只有真正了解背後的意義，才能看見事情的本質。從這點其實可以看出，牛頓並不是重視成就的人，他在乎的是過程，也正是因為他更重視過程，才能專注投入，對其他不同的領域產生興趣。假如他把功成名就看得更重要，為了立刻有所成果，會把心思集中投入在自己的專業領域上，而不是像這樣花時間研究各種不同的領域。

牛頓曾經對再三邀請他出版論文的編輯這麼說，「我答應你，不過條件是不要把我的名字放進去。雖然出書會增加名氣，但我就是不想成名，才會熱衷於研究。」

對自己的能力和成就，不炫耀或自誇的生活態度，會決定專注的程度，這點要牢記在心。要達到專注，必須讓心態保持在最純粹的狀態，以最純粹的目的開始。試著讓孩子練習專注，落實在生活中吧！

讓孩子擁有自主權，生活態度大不同

一五七〇年十二月八日（農曆一月三日），是他七十大壽的日子。他請僕人替他平日最喜歡的梅花澆完水後，開始整理服裝儀容。雖然身體微恙的他，看上去很疲倦，但仍撐著疲憊的身軀，姿勢端正地坐著。令人驚訝的是，這是他生前呈現的最後樣貌，他以端正的坐姿離開人世。然而，更值得敬佩的是，縱使病魔纏身，仍一如往昔地囑咐下僕替心愛的梅花澆水，正襟危坐迎接死亡的到來。連面對死亡，也依然秉持自己一貫的生活態度。

更令人震驚的是，他從一五七〇年十一月初，就開始為自己的後事做準備。預知自己大限之日將至的他，提前結束講堂課程，讓弟子們返鄉回家。十二月三日，在他去世的前五天，他交代弟子們把他借的書全數歸還。翌日，他請姪子幫他撰寫遺書。十二月五日，他要下屬替他備好棺材；十二月七日，他把自己所有的著作全部交給弟子李德弘。交代完所有後事後，在十二月八日他的生日當天離開人世。

上述故事的主角，正是號退溪的 滉。他是朝鮮中期的文官，同時也是一名儒學家。 滉推崇朱子思想，對朱子學研究深入，是奠定朝鮮性理學發展基礎的重要學者。他將母親自幼對他的諄諄教誨，視為終生奉行的處世原則，並集結撰寫成〈修身十訓〉，傳授給弟子們。接下來，讓孩子試著抄寫 滉的〈修身十訓〉吧！

但這一次的內容稍微艱深，有些地方較難理解，建議父母們先向孩子說明解釋後，再讓孩子開始抄寫。

1. 【立志】立志當以聖賢自期，不可存毫髮推託之念。

（首先，必須先立定遠大的志向。以聖賢為目標，不要小看自己。）

2.【敬身】敬身當以九容自持，不可有斯須放倒之容。

（隨時保持恭敬虔誠之姿，端正儀容體態，時刻自我約束，不輕忽放縱。）

3.【治心】治心當務清明和靜，不可墜昏沉散亂之境。

（要管理好自己的心，保持思緒清晰，不讓自己陷入迷惘混亂的狀態。）

4.【讀書】讀書當務研窮義理，不可為言語文字之學。

（要認真讀書，但並非只是閱讀文字表面的意思，而是要讀懂背後所要傳達的道理，不要執著於語言文字，避免鑽牛角尖。）

5.【發言】發言必詳審精簡，當理而有益於人。

（說話要精準確實，要三思而後言，要言之有理，說出口的話最好對別人有幫助。）

6.【制行】制行必方嚴正直，守道而無汙於俗。
（嚴格約束自己，行為舉止要正直，恪遵道理規範，不受世俗干擾。）

7.【居家】居家克孝克悌，正倫理而篤恩愛。
（從家庭生活開始落實，在家要孝順父母，友愛兄弟姐妹，遵守綱常倫理，家人彼此互助合作、相親相愛。）

8.【接人】接人克忠克信，泛愛眾而親賢士。
（善待每一個人，以誠信對待他人，要博愛眾人，親近有仁德的人。）

9.【處事】處事深明義理之辨，懲忿窒欲。
（以正確的態度處事，秉持正知正見明辨事理，不要輕易動怒，並要減少慾望。）

10.

【應舉】應舉勿牽得失之念，居易俟命。

（參加考試時，保持平靜的心情。不要得失心太重，太執著於結果。只要在過程中全力以赴，相信上天自有安排。）

送給孩子的人生金句 06

藉由培養自主性，鍛鍊面對世界的態度

「在這種狀況下，你應該要把姿態放低才對！」

「那時你不應該沒事強出頭的！」

要成為在世人眼中「通情達理」的大人，必須要圓融處事。在不同的情況下，以不同的方式處理，應對進退得宜，才稱得上是成熟的大人。然而，我的看法卻相反。我認為真正的大人，更應該要秉持一貫的態度和處事原則。如果因為對象不同、狀況不同，而有不同的應對方式，這種態度不就是我們最討厭的差別待遇嗎？我們明明不喜歡差別待遇，卻又不自覺成為這樣的人。

所有的教育，必須要從小開始做起。要讓孩子們學會主導自己的人生，最重要的，就是要讓孩子建立屬於自己一套的處事原則。接下來，讓孩子唸完以下這首詩，再把它抄下來。

無論風怎麼吹，花朵依然挺立綻放；

無論雨下再大，太陽依舊會升起；

無論歷經多少波濤洶湧，大海依舊會恢復以往的寧靜。

我期許自己，能像這樣活著。

像花一樣，像太陽一樣，像大海一樣，以一貫的態度活著，秉持一致的信念和理想，去擁抱這個世界。

父母的教育重點06

父母要先以身作則

　　淚先生克服艱困的環境，躋身成為偉大的學者。雖然父親在他年幼時過世，但母親對他的教育影響深遠。

　　母親告訴他：「世人會嘲笑寡婦的孩子沒教養，因此不要只專注於知識學習，要更注重言行舉止和品德修養，你要比別人努力一百倍。」

　　「要比別人努力一百倍」這句話，對李淚的人生影響有多大？

　　日後，他在母親的墓誌銘中寫下這段話：「母親是對我影響最深的人，母親雖然不識字，卻以身作則教我做人處事的道理。」

這是教育子女最重要的一環。李滉的母親比起言教，更重於身教，在日常生活中身體力行處世原則，展現她的身教典範。「要比別人努力一百倍」，這句話任誰都會說，但並不是每個人都做得到。但他的母親除了告訴他這句話外，更以她的身教，呈現比別人努力一百倍的姿態。這也就是為何李滉能夠成為偉大的學者，以一貫的處世原則，面對自己的人生。

忍受不便之處，對周遭環境心存感恩

一家七口的救命繩就這麼斷了。

獨自扶養五名子女和太太，扛起家中經濟支柱的一名男子不幸過世。意外發生的原因，令人難以想像。這名男子為了賺更多錢養家餬口，選擇從事高危險性的工作，在大樓外牆粉刷油漆。儘管如此，他的工作態度一向認真負責。

事故發生的當天，他一如往昔地努力工作，跟堂弟一起上班。雖然堂弟說他很累想休息一天，但他告訴堂弟：「不行，還是得去工作才行。」於是，當天兩人一起上工出勤。然而，誰也沒想到，那天卻成了堂弟跟他一起上班的最後一天。

事件的起因是他們在工作時，為了克服恐懼，會用手機接到音響播放音樂。一名大樓住戶嫌他們「音樂太大聲很吵」，堂弟聽到抗議後，立刻把音樂關掉。然而，這名男子卻因為和堂弟距離太遠，沒聽到住戶的抗議，繼續播放音樂。結果過沒多久，繫在身上的安全繩索突然斷掉，讓他直接從十三層樓的高處墜落。原來是剛剛抗議的那位住戶，氣他沒把音樂關掉，跑到頂樓用刀子把他的安全繩割斷。

在他掉下去的那一刻，腦海裡浮現的畫面，應該是他兩歲三個月大的孩子，和其他四名孩子，以及因為自己是獨生女，希望多生些孩子讓家裡熱鬧些的太太。離開自己心愛的家人，就這樣死去，他心裡會有多難過委屈？在高處工作雖然既危險又辛苦，但他幾乎不休息，比誰都努力認真工作，就是希望讓家人過更好的生活。即使生活不富裕，家庭卻很幸福美滿，每天都希望明天能比今天更好。但如今，一切的希望都破碎了。兩歲三個月大的孩子學會說話時，應該是要說：「爸爸，我愛你」吧。但現在卻是頂著稚嫩的臉龐問媽媽：「爸爸什麼時候回來？」

難以想像的社會案件，每天都在不斷上演。遭受嚴重霸凌，而走上自殺一途的孩子、沒考到全校第一，跑到頂樓跳樓自殺的孩子……。每當這時候，輿論最常討論到的一句話就是：「社會生病了」。但我認為抱怨「人心生病了」、「社會生病了」，反而會讓我們的生活變得更悲慘。沒有哪個年代的人生活不辛苦，每個時代都有各自要承受的痛苦。

然而，為何唯獨在這個年代，許多令人難以想像的犯罪案件會層出不窮呢？我不認為那些犯罪的人，是因為一時控制不了情緒，才會犯下這些惡行。或許可以從他們日常生活中的行為看出端倪，他們並不是一時控制不了自己，而是早就已經是這種個性的人。

正所謂：「積思成言，積言成行，積行成習，積習成性，積性成命。」所有一切都是累積而來的，累積久了之後，這些習慣會決定一個人的一生，並不是一夕之間造成的。況且，每次發生這種可怕事件時，加害者總是會說自己患有精神疾病，因為這樣可以獲得減刑。即使他是真的因為生病才會鑄成大錯，但值得我們更深入思考的是，他為什麼會生病？

任何嚴重的後果，都是從小地方開始。因此，很重要的一點是，要趁問題還小時立即解決。一旦時機錯過了，很可能會造成終生遺憾。而根本的解決之道，就是要對一切事物，擁有一顆感恩的心。

當一個人擁有感恩之心，就算是再小的物品，也都會好好珍惜。正因為「感謝」，所以懂得「惜物」。要讓孩子學會感激，父母的身教很重要，所以即使是像按電風扇按鈕這樣的小事，我也絕對不會用腳去按，一定會彎下腰用手指頭按，我也不會讓電風扇運轉的時間超過三十分鐘以上。

有些人看到我這麼做，可能會覺得：「這未免也太誇張了吧？」但我認為這些微不足道的小事，會決定一個人的一生，成為人生哲學。如果孩子對所處的環境事物，能以一顆恭敬感恩的心對待，是絕對不會用腳去開電風扇的。因為他們知道，要對讓我們享有舒適涼快的物品，表達感謝之意。

在生活中，我們很容易忘記向那些為生活帶來便利，為我們提供服務的人和物品表示感謝。當我們能夠心存感激，就不會輕易動怒，也不會對別人做出暴力的行為。即使遇到稍有不便的狀況，也不會因為無法忍受，做出傷害別人的舉動。

送給孩子的人生金句 07

思考值得感謝的事物

要練習表達對所處環境的感謝之意，孩子們必須先知道：「什麼是我正在享受的服務？」舉例來說，在不同的季節，我們會需要使用各種不同的機器，才能享受舒適的生活。

用機器舉例跟孩子講解後，試著抄寫以下的內容。

不斷運轉的引擎雖然很熱，但是為了我們，依然在車子裡默默地努力工作。

冷氣也是一樣，即使天氣再熱，但為了讓我們涼快舒適，在戶外犧牲了自己。

我們在生命中經常會受到別人的幫忙，因此對所有事物，要心存感激。

父母的教育重點07

感謝生活中的每一件小事

如果一個人不懂得珍惜愛護身邊微小的事物或小生命，又怎麼會知道如何愛人呢？因此，偶爾走路走到一半時，我會試著往回走（建議父母可以帶著孩子一起這麼做）。這麼做是為了回頭看看我所走的每一步，我所踩到的小草和螞蟻。這些生命為了我們，犧牲了自己寶貴的生命，它／牠們都是值得我們感謝的事物，要懂得感謝生活中的每一件小事。

從小不懂得感激的孩子，當他們長大成人後，很可能會覺得一切都是理所當然，會輕視這些微小細節，更嚴重的甚至會輕忽別人的生命。或許現在看起來只是微不足道的小事，但就像前面提過的「人生是長期而持續的累積」，這是很可怕的事情。現在社會上發生的這些問題狀況，都是因為不懂得感激，長期累積導致的現象。倘若不懂得心存感激，日後更嚴重的事件只會層出不窮。

當過程變得越來越簡單、越來越容易就能獲得想要的東西、即使不用動手也能自動完成，我們的生活又會變得如何呢？雖然這是未來無法避免的改變，但我們可以做到的，就是從日常生活中開始做起。讓孩子們練習對生活中的每一件小事，抱持著感謝的心，這就是我們教育孩子懂得心存感激的最好方法。

讓孩子學會自律的四種方法

坐在便利商店前，邊吃泡麵邊沉迷於手機遊戲的孩子們，這是小學校門口前，經常出現的畫面之一。現實的情況是，許多孩子每天晚上玩手機玩到很晚才睡，甚至會邊走路邊盯著手機螢幕。為了讓孩子們不要過度沉迷於手機，大人們想出各式各樣的策略。在網路上搜尋，就可以找到各種不同的方法：「戒除手機成癮症的營隊」、「預防手機成癮的功能設定」、「手機重度使用者諮商服務」等等。

現在很多孩子都會使用手機，走在路上可以看到小學四年級以上的孩子，幾乎可以說是人手一機。其中超過一半以上的人，可能會出現手遊成癮症或網路沉迷現象。上述提到這些擺脫手機成癮症的方法，基本原則都是「讓手機遠離孩子的身邊」，也就是把讓孩子沉迷的手機，直接從孩子的生活中移除。然而，我認為這並不是根本解決之道，因為人會沉迷於某種事物，問題不在於那件事或物品本身。即使禁止孩子玩手機，那也只是在父母面前不玩，並不表示他們在外面就不會玩。

採取強硬的方式直接拿走孩子的手機，無法真正有效杜絕孩子沉迷手機。最有智慧的方法，是讓孩子學會自律，自我管控使用手機的時間，這才是對孩子的人生有實質幫助的作法。

世界上最容易對某件事物陷入狂熱狀態的人，正是富有創造力的創造者們。因為他們對世界總是充滿好奇心，尤其是他們對感興趣的事物，會花很多時間鑽研。然而，他們並不會「沉迷」，而是會「投入」。

「沉迷」和「投入」兩者雖然意思不大一樣，某種程度上卻很接近。換句話說，投入可以說是「會帶來正面發展的沉迷」。創造者們會給自己一段時間，讓自己沉浸在喜歡的事物上。一旦全心投入時，他們會比一般人更熱衷。為了不讓自己過度沉迷，而是專注投入，他們會運用以下四種方法，來管理自己的日常生活。

1. 該停下來的時候要停

邊走邊玩手機的孩子，很明顯地已經是過度沉迷，應該要立刻走到孩子面前，讓他們停下腳步。

很重要的一點是，不是直接把孩子的手機搶走，而是讓孩子找個地方坐下來再用手機。培養孩子自制力的基本原則，就是「讓孩子與手機和平共處，學會自我管控」。孩子使用手機這件事，本身並不是壞事，重點在於要告訴孩子使用原則，什麼時候該玩，什麼時候該停下來。

例如：「不能邊走邊玩手機，要坐下來才能用。」因為走路的時候，應該要專心注意路況。一邊走路一邊做其他的事情，都會無法專注，無論是邊走邊吃，或是邊走路邊抽菸，都是一樣的。

2. 觀察世界，開啟思考模式

當孩子對基本原則有所了解後，接著要以溫柔的態度向孩子說明，「走路」這件事有什麼樣的意義。

- 走路時，要專心看前面。
- 把眼睛看到的、感受到的美好留在心中。
- 專注去感受每一種感受，集中精神思考。

專注在踏出去的每一步，因為把注意力放到正在行走的腳步上，是擺脫沉迷的第一步。世界上許多哲學家、科學家、藝術家，雖然所處的時代和國家不同，但他們都有一個共同點，就是喜歡「散步」。這些創造者們之所以喜歡散步，是因為在散步的過程中，可以專注在自己的步伐，暫時遠離沉迷的事物。

3. 在生活中感受到「投入的快樂」

不希望孩子「沉迷」而是「投入」，首先要讓他們知道什麼是投入，感受到投入的快樂。最簡單且有效的方法，就是讓孩子挨餓。說得更仔細一點，就是讓孩子全然專注在自己喜歡的事情上，甚至忘記了肚子餓這件事。

在這個過程中，孩子感受到的是「投入的快樂」，而非「沉迷的痛苦」。可以讓孩子閱讀喜歡的書籍或是玩積木，享受樂在其中的過程，透過體驗的方式，感受到專注投入的喜悅。

即使知道這種方法，孩子依然陷入沉迷，無法專注投入的原因，是因為父母捨不得孩子肚子餓。當看到孩子該吃飯的時間沒吃飯，就強行介入打斷孩子專注的時刻，要他們先吃飯再說。其實，偶爾一兩餐沒吃，或是用餐時間延後，並不是什麼大不了的事。然而，倘若沒有感受過專注投入的喜悅，才是人生的一大憾事，不要忘了這點。

4. 制定時間表，做好時間管理

人類偉大的導師——十四世達賴喇嘛，每天三點起床，花五小時冥想（思考），許多世界上知名的創造者們也是如此。佛洛伊德、康德、貝多芬、莫扎特、湯瑪斯·曼、約翰·米爾頓、維克多·雨果、查爾斯·狄更斯、查爾斯·達爾文、柴可夫斯基和班傑明·富蘭克林，這些人的共同點是什麼？

比我們出生在更久遠的年代，歷史上偉大的作曲家、畫家、作家、科學家、哲學家們，他們身上有幾項共同的特點，其中最值得我們關注學習的是——「嚴格管控時間」，每天按照制定的時間表用餐、散步、創作，甚至連睡眠時間也會秉持規律作息。

天才作曲家貝多芬，每天都會花一小時以上的時間散步。散步的時候，他口袋裡總會裝著幾張樂譜和鉛筆。維克多·雨果則是要求自己每天寫作至少兩小時以上。若制定明確的時間後，按照時間表進行，在固定的時間內體驗專注的時刻，自然就能培養出不會被任何誘惑影響的自制力。重要的並不是時間多長、做多少事，而是過程中能否專注。試著讓孩子在固定的時間，完成預計要做的事情。只要父母稍微留心，就能為孩子創造可以規律專注投入的環境。

送給孩子的人生金句08

自己的人生自己決定

當然，創作者們運用的這些方法，對孩子而言可能不是件容易的事。這時候，需要進行適當的抄寫。

試著讓孩子抄寫以下的句子，讓孩子們知道能夠自己決定自己的人生，掌控自己的生活，是一件多美好的事。

當這世界像蘆葦草一樣搖擺不定時，我要像石頭一樣穩固堅定。

當這世界一直對我拋出誘惑，我要像風一樣自在不受干擾。

不管外面的世界如何，都影響不了我。

我的人生由我決定，我會按照自己的意志生活。

父母的教育重點 08

找到適合孩子的專注法

和孩子一起實踐不「沉迷」、專注「投入」的四種方法後，透過體驗的過程，找出「最適合孩子的方法」。因為每個孩子的個性不同，適合的方法也會不同。找到適合孩子的方法後，在旁予以協助引導，這會是讓孩子遠離沉迷，學會專注投入最好的教育方式。

不過，如果父母還是覺得很困難，可以試著問自己幾個問題：

為什麼我的孩子不容易專注投入？

要怎麼做才能提升孩子的投入度？

那些能夠專注投入的人，他們是怎麼做到的？

在心中思考這些問題後，接著好好觀察孩子的生活。只有專注於現在發生的現況，才能找到答案。當父母專注在孩子身上，才能找到適合孩子的專注方法。過程中可能會覺得很辛苦，每次想放棄的時候，試著抄寫以下這句話吧！

不斷拋出問題思考，一定能找出更好的答案。

面對第四次工業革命，孩子需要創造力

第四次工業革命即將正式到來，孩子需要的是創造力。在未來社會裡，現階段重複性的工作，或是目前需要單純靠人力處理的部分，將會由機器取代。要迎接新時代的艱難挑戰，創造力極為重要，這是眾所皆知的事。然而，孩子之所以缺乏創造力，是因為沒有「獨立思考」的能力。

所有學習的基礎，是來自於思考。對於「無法獨立思考的人」而言，一想到未來只會感到茫然與不安，因為他們不知道自己明天會變得怎樣，無法創造屬於自己的未來。內心的焦慮不安，讓他們感到痛苦。因為這世界會不斷拋出難題給那些不會獨立思考的人，直到他們被擊垮為止。因此，所有教育事業在一開始宣傳推廣時，採用的策略都是「讓父母感到恐懼」。

「別讓孩子輸在起跑點上。」

「至少要學會這些，才不會面臨淘汰！」

兒童教育領域的行銷手法很殘酷，會讓人有不寒而慄之感。因為採取的大多是「恐懼性訴求」，透過競爭比較的方式，激發父母的恐懼。

「錯過三歲語言黃金期，未來想補救也很難！」

「學齡前英文沒學好，別想把英文學好！」

商人藉由這樣的方式，銷售自己的產品。有時候更可怕的是，他們還會銷售連最基本檢驗都尚未完成，還在測試階段的商品。一旦陷入他們的行銷手法，會蒙蔽自己的眼睛，看不見事實的真相。然而遺憾的是，沒有獨立思考能力的人，即使知道自己被騙，也只能被牽著鼻子走。因為比起被騙，更害怕輸給別人。

送給孩子的人生金句 09

啟發孩子的創作靈感

想培養出有創意的孩子，父母自己要先學會獨立思考，因為只有這樣，才能擺脫外在世界製造出來的恐懼，以正確的方式教育孩子。父母可以試著和孩子一起抄寫以下句子。

創作的素材源源不絕，世界無處不是創作的靈感來源。

有太多的靈感和素材，等著我們去汲取發現。

創作其實就是用自己的方式實現靈感，把這些靈感利用素材串聯起來。

有些人把文字串聯起來，有些人把顏色串聯起來，有些人把消費者和生產者串聯起來，這些人都是創作者。

創作者可以突破限制性思維，打破領域間的隔閡，融合多元素材，隨心所欲地自由發揮創作，用創意翻轉世界。前面提到的這段話，是為了更清楚解釋何謂「自主意識」。

以圍棋舉例來說，圍棋是一種「思考的對決」，當對手下完棋後，會開始陷入思考：「為什麼他會這樣下？」因為必須先自己想過，才能預測對方下一步棋會怎麼下，再決定自己下一步棋該怎麼走。能夠預測對方的棋路，又能為自己的棋路鋪盤，走出讓對方難以捉摸的棋路，像這樣的人，我們稱之為「高手」。高手做出的決定，總是讓人難以預料。一般人會循著既定的軌跡做決定，但因為高手是憑著自己的自主意識做出選擇，他們的人生也會跟別人不一樣。

接下來，和孩子一起抄寫以下句子吧！

高手和一般人的差異，在於「能否走出自己的路？」要先找到自己的路，才能憑著自己的「自主意識」前進。當一個人無法走出自己的路，看到的都是問題，因為找不到答案，內心充滿煩惱，最後只能循著別人畫好的路徑走，過著平凡無奇的生活。

唯有能夠走出自己的路的人，才能按照自己的想法，活出屬於自己的人生。

父母的教育重點09

不用父母幫忙，孩子也能開拓自己的人生

雖然前面已經提過，成為創作者的核心關鍵在於「自主意識」。必須要拿回人生的主導權，才能看見更多東西，進而發現靈感，創造出新的事物。創造劃時代的力量，也是由此而來。

歌德的父親為了讓他從小對義大利懷著夢想，在房間裡貼了義大利地圖。年幼的歌德每天看著地圖，想像自己就置身在義大利。換句話說，歌德從小看著房間內的地圖，想像自己彷彿就是義大利這個國家的主人，充滿了憧憬。

在開始培養自主意識前，要先啟發孩子的思維，讓孩子多練習思考。可以用輕

鬆活潑的方式啟發孩子思考。例如，在他們面前放一包餅乾，問孩子這個問題。

「想想看，一開始發明餅乾的人，是抱著什麼樣的想法製作的？」

接著，繼續引導孩子思考。

「如果你是他，會有什麼想法？」或是「如果你是不喜歡餅乾的人，又會怎麼想？」像這樣不斷拋出問題。

孩子在尋找答案的過程中，彷彿自己就像是發明餅乾的人。透過這樣的方式，讓孩子徜徉在想像的世界中，創造自己喜歡的東西，這正是培養自主意識最好的方法。

也可以帶孩子去飯店或百貨公司，和孩子一起從兩種角度思考，第一種是：「假如我是這間飯店的主人」。站在飯店主人的角度換位思考後，會以飯店經營者的心態，去思考顧客的感受、飯店提供的服務、以及飯店的空間設施等。

第二種思考的角度是：「假如我是這間飯店的顧客」。從顧客的角度出發，看見的會是飯店經營者的態度和風格，也會看見使用者的需求。

像這樣從兩種角度思考去觀察某個東西，可以看見不同的面向，對激發創造力有很大的幫助。

在收錄中國佛教臨濟宗禪師經典語錄的《臨濟錄》一書中，曾提到「隨處作主」這句話，意思是：「無論身處在何處，都要成為自己的主人。」旨在勸人要往自己的內心觀照。這句話原文如下：

向外作工夫，總是癡頑漢。
爾且隨處作主，立處皆真。

——三聖慧然《臨濟錄》

要成為創作者，必須要運用外在力量，但上述這段文字卻強調內在力量，因為如果沒有安定的內在，就無法靜下心來覺察萬事萬物。因此，在某種程度上，當孩子擁有強大的內在，有自己的想法意見，處處都能把握機會學習成長，這就是《臨濟錄》裡所謂的「隨處自主」。

無論在世界上任何時代生存，都不是件容易的事。未來孩子所要面對的時代，也是一樣充滿挑戰。然而，如果能夠透過培養自主意識，激發孩子的創造力，孩子就能擁有突破任何時代困境的強大力量。

如果希望孩子即使沒有父母的協助，也能開拓出自己的路，不管遇到任何阻礙，都能自己設法突破，最重要的就是要讓孩子學會擁有自主意識，把主導權交給孩子，藉此培養出孩子的創造力。

結合空間與事物的創新思考

「都來到這裡了，你還在玩電動？」

這是在露營區裡，經常聽到父母們對孩子說的話。可以理解父母親想讓孩子暫時遠離城市，親近大自然的心情。然而，可惜的是，這麼做是在侷限孩子的創造力。

換個立場想想，大人為什麼又會在露營區喝酒呢？明明可以在繁華的市區喝酒，為什麼要特地跑到深山裡喝呢？

答案很簡單，因為感覺不一樣。看著前方一望無際的大海，被高聳樹木圍繞著，在這樣的環境氣氛下喝酒，別有一番滋味。孩子們也是一樣，在狹小的房間裡玩電動，和在戶外玩電動的感受截然不同，父母親應該要尊重孩子，讓他們可以在不同的地方，體驗不同的感受。

為什麼學會把空間和事物結合在一起很重要呢？

不妨看看四周吧！所有的創作，都是把特定的事物放入特定的空間後，創造出來的結果。就像在積滿雪的山上，放了滑雪板後，就成了滑雪場；在空曠的空間內，擺放多台電腦螢幕和主機後，就成了網咖；在室內放置高爾夫球杆後，就成了室內高爾夫球場。對其他人來說，或許不覺得有任何特別之處，但對創作者而言，他們必須一直不斷思考，才能結合空間與物品，慢慢創造出自己心中想要呈現的樣子。

讓孩子明白，創作的泉源是擁有一顆懂得欣賞空間和事物的心。在露營區這個空間裡，結合和遊戲有關的物品，也能創造出好的作品。倘若父母看到孩子玩遊戲的畫面，過度的指責或只看到負面影響時，可能會扼殺孩子的創造力。

送給孩子的人生金句 10

空間的用途取決於「置放的物品」

假如孩子到了露營區，卻不去欣賞大自然的美景，而是盯著手機螢幕，或是一直玩遊戲，那該怎麼辦？

首先，父母可以嘗試拋給孩子各種開放式問題。

「在露營區玩遊戲感覺如何？」

拋出開放式問題讓孩子去思考，讓他們試著提出自己的意見。如果孩子答不出來，父母可以改用比較容易回答的方式提問，像是：「和在家裡時有什麼不同？」引導孩子思考。

「在戶外玩遊戲和在家裡玩遊戲，感覺不一樣嗎？」

「待在房間滑手機時，有什麼樣的感受？」

接著，再讓孩子試著透過文字表達自己的感受。

「可以把你的感受寫下來嗎？」

透過這樣的問題，培養孩子的表達能力。在這個過程中，記得在問問題時，要以正面的態度提問，最後再讓孩子去觀察自己的感受，把感受紀錄下來。

可以試著抄寫以下句子，讓孩子更清楚了解。

每件東西都有它需要擺放的位置，我，可以決定在這個空間內，放置何種物品。

即使風景再美，如果開始亂丟垃圾，到最後，那個地方也會變成髒亂的垃圾場。

空間環境固然重要，但更重要的是，擺放什麼樣的物品，決定空間的用途。

父母的教育重點 10

培養對待事物的正確態度

在餐廳仔細觀察，可以發現兩種類型的顧客。一種是「對食物隨便的人」，另一種是「對食物用心的人」。對食物隨便的人，通常餐點一上桌就開始吃，沒什麼特別的想法，只管填飽肚子就好。然而，對食物用心的人，他們會認真看待食物，吃的時候也會細細品嘗。前者會一直抱怨「這間餐廳難吃死了！」，但後者無論去哪間餐廳，都會覺得「果然選對了，真好吃！」，感到心滿意足。即使在同個地方，吃同樣的食物，有時也會因為態度不同，而有不同結果。

前陣子，我去某間豆腐火鍋店用餐。服務生同時端出火鍋湯底給兩桌不同的客人，他們各自打開瓦斯爐，開始煮火鍋。右邊的客人，看到湯滾了，就迫不及待地開始用餐。

「這什麼跟什麼啊！味道不對啊，沒有入味湯頭也沒味道，難吃死了！」右邊的客人一面吃一面抱怨。

而左邊的客人，在湯滾了後並沒有急著用餐，而是先觀察鍋子裡的食材。過了五分鐘後，才不急不徐地用勺子盛了一口湯，細細地品嚐湯頭。

「好好喝喔！真是選對餐廳了！」

左邊的客人露出滿意的表情，對眼前的美食發出讚嘆。

雖然是同樣的食物，有人抱怨連連，有人卻讚不絕口，並不只是因為口味偏好不同。重點在於「時間」，假如那位抱怨個不停的客人，能像另一位客人一樣，稍微耐心等候，等食材入味後再慢慢品嚐，他就能感受到食物的美味，為自己剛才的抱怨感到愧疚。一開始或許會覺得味道不夠濃郁，但等過一段時間後，會發現用蝦醬和豬肉熬煮出來的湯頭，灑入辣椒粉提味後，更是美味可口。喝湯時，滑嫩的豆腐順勢滑入嘴裡，豆腐的鮮味搭配濃郁香甜的湯頭，讓人忍不住一口接一口。然而可惜的是，湯一滾就立刻迫不及待用餐的人，在食材味道還沒入味前，就已經全部吃完了，無法品嚐到湯頭濃郁的豆腐鍋。

以空間和物品比喻，也是一樣的道理。先仔細觀察「鍋子」這個空間裡，放了什麼食材，就可以大概知道湯滾了之後，等多久後食材才會入味。並不是只有廚師才會創造料理，懂得把空間和事物連結在一起品味的人，也能透過品嚐食物的同時，創造出新的味道。每次用餐時，可以和孩子一起練習，用心感受食物的美味。

Chapter 3

表達

學會口語表達、
書寫傳達與聆聽技巧

增加說服力的說話習慣

在生活中，我們經常需要與人對話，有時也需要說服別人。好的溝通，是日常生活中不可或缺的一環。然而，可惜的是，無論在學校或補習班，幾乎沒有人教我們這件事，很多人不知道如何用語言和文字表達自己的想法。

當要反對某人的意見，提出自己的見解時，有些人會以「嗯，我同意你的看法，但是……」這樣的方式開啟對話，先表示認同對方的觀點，接著表達自己不同的看法。雖然聽起來像是尊重對方的表達方式，但當一說出「我同意你的看法」這句話時，會讓人覺得講話很「很官腔」。因此，即使這樣的表達方式不會失禮，卻會讓彼此產生距離感。

「但我認為應該是……」也有人是單刀直入說出自己的想法，完全沒有提到對方的意見，這種人通常很難接納別人的意見，書讀得越多或知識淵博的人，經常會犯這樣的錯誤。當然，他們並不覺得自己有錯，因為他們認為自己是對的。如果不是上對下的階層關係，難以繼續維持。

「嗯，應該不是像你說的那樣，也有例外的情況。」有的人則是直接否定對方的意見，卻沒有提出強而有力的論調。這種狀況下很容易與人發生爭執。世界上沒有人說的話百分之百是對的，與其不斷雞蛋裡挑骨頭，挑對方的語病，什麼都不說或許還比較好。

年紀越大，越難改變說話習慣。因此，最好從小開始培養良好的說話習慣。從小處改變，也能有顯著成效。試著和孩子一起閱讀以下內容吧！

首先，必須先消除幾項關於口語表達常見的誤解。在口語表達這一塊，重要的不是「邏輯敘述力」，也並非「流暢的口語表達能力」，這些都不是口語表達的重點。口語表達最重要的，其實是「明確地表達自己的想法」。可能有些人會覺得，這不是最基本的嗎？不過，當我們重新去思考溝通的目的，就可以理解為何「把自己的想法傳達給其他人」才是最重要的。因為孩子並不是需要說服群眾支持的政治人物，也不是向眾人募資的企業家，更不是每天與人辯證真理的哲學家。要教會孩子的，不是說話技巧，而是孩子目前所需的溝通能力，讓孩子練習明確表達自己的想法。隨著時間和經驗的累積，邏輯敘述力和流暢的口語表達能力也會提升。

1. 看著對方的眼睛說話

眼睛不會說謊。把想法表達出來時，眼神會透露一切。看著對方的眼睛說話，可以感受到對方的心意，這麼做也會讓心情比較平靜，能夠好好地表達自己的想法。

說話時，眼睛不要看其他地方。看別的地方時，很容易分心。就像沒有人開車是看後面或旁邊，都是直視著正前方。一開始，孩子或許會覺得很害羞不自在，但如果父母能透過和孩子聊天的方式，慢慢改掉孩子的習慣，在聊天時，自然就能看著對方的眼睛說話。誠如前面提到的，父母要以身作則示範給孩子看，同時也可以告訴孩子：「看著對方的眼睛說話，才能傳達出自己內心真實的想法。」

2. 經常和孩子練習聊天

凡事順其自然，是最好不過的事情。然而，在聊天的過程中，「順其自然」代表什麼意思？大概是指能夠像流水一樣沒有阻礙，自然地與人交流對談。那麼，如何才能做到順其自然地聊天？「練習」是不二法門。或許有人會心想：「練習聊天？這麼做不是太刻意嗎？」不過，要表達誠摯的心意，最好還是要透過練習。單純的心意固然重要，但要自然無礙地表達自己的想法，必須反覆練習後才能做到。

試著和孩子一起練習聊天吧！練習一段時間後，也可以讓孩子站在鏡子前，想像自己正與對方交談。先對著鏡子說出自己想說的話，再想像對方可能會有哪些反應。透過不斷地練習，自然就能在聊天的過程中侃侃而談。藉由這樣的方式，讓孩子了解到：「想透過言語表達自己的心意，心意有多誠懇，就得多努力練習。」

3. 抱著尊敬的心態

無論對方年紀大小、職位高低，都不能因為任何理由怠慢他人。讓對話得以順利展開的關鍵，是抱著尊敬的心態，才能好好地把自己的想法傳達給對方。尤其是孩子們因為年紀還小，很容易會因為對方年紀比自己小，就覺得可以說話隨便。甚至會因為比自己小一歲的弟弟，沒有叫自己哥哥而生氣，一整天心情不好，這種想法應該要放下。

如果沒有抱著尊敬的心態，很容易會不自覺說話態度隨便敷衍、口氣不佳或出言不遜。這樣的說話方式，會讓對方心生反感。不管跟任何人交談，都必須留意自己說話的態度，不要因為年齡、地位而有分別心。

4. 傾聽與共鳴

一段對話的開始與結束，取決於共鳴程度。「共鳴力」是指察覺對方感受的能力。了解對方目前狀態如何？想聽什麼樣的話？喜歡和討厭哪些行為？在對話中要與對方產生共鳴，則必須仰賴「傾聽」的技巧，認真傾聽對方的話後，才能更理解對方。

試想，當孩子們聚在一起聊天時，如果每個人都只說自己想說的，不在乎對方想說什麼，為了蓋過對方的聲音，說話的音量只會越來越大聲。假如這時候，有一個孩子能夠專注聽朋友說話，那會是什麼樣的畫面？是不是感覺很棒？光是想像那畫面，就足以令人感動。

我們應該要教孩子學會保持靜默。當所有的孩子你一言我一語地說個不停時，能靜下來聆聽眾人意見的孩子，很自然地會成為大家的意見領袖，因為他知道每個人心中的想法，這點必須要記住。就像那些舉世聞名的作家和哲學家，他們絕不會輕易隨著群眾起鬨，而是會在一旁靜靜地觀察人們，傾聽他們想要什麼、想說什麼。

試著找一個安靜的地方，靜下心聆聽大自然的聲音，這是練習專注聆聽很棒的方式；或是待在房間裡，關上廣播、音樂或電視，給自己一個安靜的空間，嘗試練習保持靜默，也是不錯的方法。

5. 要對自己有信心

有的孩子講起話來滔滔不絕，卻不知道他真正想表達的是什麼；有的孩子則是喜歡誇大其詞，說話很誇張。這些孩子都有一個共同點，就是「對自己沒信心」。他們對自己的意見缺乏自信，才會總是說話長篇大論或誇大其詞。

克服這個問題的方法之一是——「放下謙虛」。謙虛固然是美德，但對仍有許多東西要學習的孩子而言，並不適合過度謙虛，因為他們還在學習的階段，本來就有很多東西還不會。應該要反向操作，先讓他們想想看自己有哪些值得驕傲的優點，才能建立對自己的信心。同時，可以更了解自己擅長哪些事情，以長遠來看也是好的。

試著讓孩子發掘自己的優點，哪怕只是一個小小的優點，讓他們學會欣賞自己。這樣一來，當他們在表達自己的想法時，說話會更有力量。

此外，也要讓孩子知道，當說出口的話不是出於真心，可能會讓關係產生裂痕，導致關係決裂。就像有時候，孩子和朋友一言不合吵了起來，彼此產生誤會，回家後可能會生氣地說：「我以後再也不要跟他一起玩了！」這時候，可以試著問孩子，是真的討厭那個朋友嗎？還是只是在說氣話？適時的機會教育孩子，不要因為逞一時口快，說話口不擇言，傷了彼此和氣。

要讓孩子知道，與人溝通談話最重要的目的，不是為了嘴上逞威風講贏別人，或是讓人覺得自己很厲害，而是要「真誠地表達自己內心的想法」。

送給孩子的人生金句 11

凡事思而後言

能夠有條有理、真誠地表達自己的想法，是非常重要的。然而，在表達想法時，也有需要秉持的態度，那就是「先三思而後言」。因為無心說出口的話，可能會傷害對方。

有些人莫名容易贏得人的好感，不管做什麼、說什麼，都會讓人產生信任感，想要無條件支持他。孩子也是一樣，有些孩子雖然明明不是自己的孩子，卻會令人格外喜愛，並不是因為他們外表出眾或是家境富裕，關鍵在於「懂得說話」。懂得說話的人，自然會讓人特別喜歡。

試想，當你去參加某個孩子的生日派對，孩子們滿心歡喜地送禮物給壽星。突然間，氣氛卻急轉直下。

「喔！我家已經有比這更好的了。」

「我其實不大喜歡這種禮物。」

別人送的禮物，不可能完全合乎自己的心意，但考慮到對方的感受時，送禮的人一定會希望我們也喜歡這份禮物。

「你怎麼知道我剛好想要這個？」

「真的很漂亮，你在那裡買的？」

聽起來很簡單，但實際上並不容易。因為需要反覆練習，才能自然做出這樣的回應。

試著讓孩子練習抄寫以下句子，接著再和孩子一起討論要怎麼做，才能夠既不傷害對方，又能坦率表達自己的想法。

凡事思而後言，說話要先想清楚再說。
如果你很重視你的朋友，更應該要三思而後言，
這樣才能把自己的心意，好好傳達給對方。

父母的教育重點 11

父母的一句話，影響孩子的一生

「每個孩子都是天才。」

「每個孩子都有自己的天賦。」

這些話並不陌生，很多人都說過這樣的話，但為何從父母們的口中，聽到的卻是不同的版本？

「我不知道我的孩子有哪些專長？」

「我們家孩子什麼都不會，真教人擔心。」

隨著所處的環境而不同，孩子的呈現也會不同，但可以確定的是——每個人都有自己的天賦。觀察那些世界上著名的大師們，從小父母對他們說的話，影響深遠。

除此之外，他們的父母也堅守以下幾項原則。

1. 減少消極負面的期待

為什麼不好的預感，總是會成真？原因很簡單，因為會無意識地一直掛念著這件事，信念會創造出實相，導致事情真的如預期一樣發生。因此，當孩子做錯事或失敗時，如果父母對孩子說：「看吧！我早就知道會這樣！」雖然或許是事實，但這並不是好的表達方式。父母應該盡量給予孩子積極正面的期待。

「下次再找找看可行的方法吧！」

2. 經常對孩子說鼓勵的話

孩子們喜歡嘗試挑戰，但父母無心的一句話，會讓孩子遇到困難就想放棄。

當孩子挑戰失敗時，有些父母會對孩子說：「看吧！我早就跟你說了不行吧！」對堅持不放棄卻失敗或受傷的孩子說教、指責。當然，如果是有危險的挑戰，確實需要制止。但在一般的情況下，不妨多給孩子一些鼓勵。

「哇！這真的很有挑戰性，你太厲害了！」以這樣的方式，鼓勵孩子嘗試挑戰。

3. 描繪未來的願景

培養出優秀人才的父母，仔細觀察他們所說的話，都有一項共通點。那就是——讓孩子對自己的未來充滿期待。雖然孩子已經拚命用功讀書，成績卻還是不如預期，或是努力卻得不到應有的成果時，他們在乎的不是現在的結果，而是向孩子描繪未來的願景，讓孩子有繼續前進的動力。因此，當孩子考不好時，不要對孩子說「哎呀！怎麼只考了八十分？」，而是「相信你下次考試一定會進步的！」，傳遞未來願景，讓孩子願意為值得努力的事情流下汗水。

・・・

對未來充滿期待的孩子，無論再困難，也不會輕言放棄，終究會找到屬於自己的幸福。父母說的話，會帶給孩子幸福，也可能會傷害孩子。父母的一句話，會影響孩子的一生，也會重新賦予孩子第二次生命。

接下來，請把以下句子唸出聲音，把它抄下來後，再好好思考。

每個孩子都有兩次生命的誕生：

因為父母的愛，誕生到這世上；因為父母的話，再次重生，變得更完整。

父母的話，會賦予孩子第二次生命。

而我，想要賦予孩子什麼樣的生命呢？

一名男士的父親，在韓戰中失去了一隻眼睛，四肢也因此受傷，被判定為第二級殘廢，是國家的功臣。但對這名男士來說，父親卻是他心中的痛。因為同學們老是笑他是「殘障兒」，家境一貧如洗的陰影，也一直圍繞著他。而父親總會趁著酒意，向他表達歉意，「兒子，爸爸對不起你。」

這是專門醫治窮人的醫生——李國鍾教授[4]的故事。某次受訪時，他提到這件令他印象深刻的往事。

---

4 李國鍾（一九六九—），是韓國知名外科醫師。

「我國中時，曾經得過嚴重的急性鼻竇炎。去醫院接受治療，一拿出身心障礙榮民眷屬證時，護士的反應很冷淡，叫我去別間醫院就醫。但跑了幾間醫院，都還是吃了閉門羹。經過這次事件後，我深深體悟到這個社會對身心障礙者及其家人們很不友善，也很不公平。」

好不容易終於找到一間願意收治他的醫院，也因此遇見了改變他一生的貴人，是一位名叫「李學山」的外科醫生。當這位醫生看到年幼的李國鍾，拿出身心障礙榮民眷屬證時，他是這麼告訴他的：

「你父親真是令人敬佩！」

他沒有跟他收任何診療費，並用心幫他醫治，還對他說了這句話鼓勵他，「好好用功讀書，將來長大一定要成為有用的人！」這句話影響了李國鍾的一生。

送給孩子的人生金句12

化羞愧為驕傲的言語

和孩子一起練習抄寫李國鍾教授用來激勵自己的句子吧！

成為醫生後，去幫助貧窮的人吧！
盡可能去幫助需要幫助的人吧！
不能因為「窮病人」和「富病人」，而有分別心，只要
是病人，就應該要幫他醫治。

當李鍾國教授出示身心障礙榮民眷屬證，申請醫療費用減免時，如果沒有那位醫生，對他說「你父親真是令人敬佩！」這句話，或許就沒有現在的李教授。當他因為拿出身心障礙榮民眷屬證而感到羞愧時，醫生的一句話點醒了他，這沒有什麼好丟臉的，反而應該為父親感到驕傲才是。正所謂「好話一句三冬暖」，給人一句好話，世界會因此更美好。

父母的教育重點12

用言語激勵孩子的夢想

當有人對你訴說他的夢想時，你是如何回應的？

「聽起來是不錯，但那賺得了錢嗎？」

「你讀到大學就只為了做這種事嗎？」

「我真的無法理解你所謂的夢想。」

這樣的話只會讓人聽了很傷心。不妨以一顆柔軟的心，溫暖地回應對方。這樣一來，當孩子對你說出他的夢想時，自然也能以同樣的方式回應。

「你的夢想聽起來很棒。」

「真的是很了不起的夢想呢！」

「我真為你感到驕傲。」

當一個人的夢想被別人所支持，他會變得更勇敢、更強大。如果真的愛對方、愛孩子，何不成為他們「堅強的後盾」，為他們的夢想注入勇氣。也許你一句鼓勵的話，可以讓他們的人生從此不同。

鍛鍊謹慎表達的語言能力

你是否有過這樣的經驗？明明心裡不是這樣想，但說出來的話，卻被朋友誤解成完全不同的意思。明明是出於善意才說的話或寫的文章，得到的反饋卻不如預期。

最近很多人喜歡利用社群平台舉辦活動聚會。方法很簡單，主辦單位先在網站上發出公告後，想參加的人直接在下方留言。若是需要事先繳交報名費的活動，只要匯款後再私訊確認即可。然而，每次看到活動公告下方的留言，總是會有人留下「負面評論」。

「超想去的，可是我住高雄，為什麼偏偏每次聚會都辦在台北？」

也有人會把自己的期待，寫在留言中。

「這次太忙了沒辦法去，下次一定要去！（握拳）」

還有人的留言，會讓人看了覺得很無言。

「好羨慕可以去的人喔！等你們回來再聽你們分享。」

通常在活動公告中，勾選不參加的下方，會出現類似上面的留言內容。原因很簡單，因為前面已經有人告訴你，不去也沒關係的幾種「合理原因」。但看到「太遠了不能去」的留言後，可能會讓雖然住得遠，卻還是想參加的人因此打退堂鼓，覺得自己「是不是太熱血了？」，又或者明明是因為忙碌無法參加，卻出於客套寫下「好羨慕可以去的人喔！」這樣的留言。

當然，這些留言也有可能是出於真心。不過，如果真的是出於真心，反而會讓人感到更難過。說話要看時間場合，在網路上的留言也是。試想，當主辦者用心寫下活動公告內容後，看到第一個留言卻是不克出席的回覆，心裡會做何感想？其他人看到留言後，心情又會如何？難免會產生失落感。

即使是出於好意，但如果在說話或發文前，能更謹慎一點，就能避免這樣的情形。像上述這種狀況，其實不一定要在公開的頁面中留言，可以透過私下傳訊息的方式告訴活動主辦方，誠摯地表達自己雖然很想去，卻因故無法到的遺憾。這樣一來，既可以好好地把自己的心意傳達給對方知道，又能達到溝通的目的，也不會造成別人的困擾。

你或許也曾為此感到困擾，「為什麼總是沒有人懂我的心意？」其實，並不是別人不懂你的心意，而是表達的方式不夠謹慎。即使出發點是好的，但倘若表達方式不妥，反而會讓人覺得不舒服。舉例來說，有段時間我經常收到學生讀者的來信。原因是學校要孩子們讀完書後，寫信給作者向作者提問。讀著孩子們寄給我的信，一方面覺得很可愛也很感動，但另一方面心裡卻也為此深感遺憾。

因為收到的信，居然很多連信件標題都沒寫，收到的大部分都是「無主旨」的信件，而且整封信裡面完全沒提到我的名字，連開端問候語都沒有。說得更直白一點，孩子們其實只是蒐集了作者們的電子郵件後，再把學校要他們向作者提問的問題內容「直接複製貼上」，群發給所有的作者。更令人難過的是，這些孩子大部分都已經是高中生了。

問題的原因出在教育方式，孩子從國小開始，早就已經學會了如何寄電子郵件，不會是上了高中才突然改變寫信方式。但如果孩子學東西只學到了「技巧」，沒有真正去體會學習過程的樂趣，並理解學習的目的，將來長大後，很容易會變得只是空有知識而已。

因此，我經常向孩子們強調的是「過程的重要性」。因為一個人的素養，取決於「學習的態度」，而不在於「最終的結果」。重要的並不是寄信給作者，完成學校交代的作業。而是先了解為什麼要這麼做，接著再把自己想說的話，認真思考過後，透過文字書寫下來再寄出去，這才是真正要學習的。

從之前提到的「不參加回覆」和「複製貼上」信件群發這兩件事中，都讓我們再次體認到，教育不應該著重於「結果」，而是「過程」。素養高的孩子，他們的表達方式，也會跟別人不同。

當具有素養的孩子，要寫信給作者時，他會怎麼做？他在乎的並不在於從作者那裡得到「答案」，而是會更注重寫信的「過程」，專注投入在過程中，這其實也是對收件者的基本禮貌。當孩子了解比起達成目的，「通往目的的旅程」更重要，自然會更樂在其中，把焦點放在努力的過程。

那麼，怎樣才能教出謹慎不失禮貌，又能表達自己想法的孩子？方法其實並不難。透過以下三個階段，可以訓練孩子的語言表達能力，同時也能提升孩子的素養。

1. 讓孩子閱讀不易理解的書籍

通常父母們為了訓練孩子的語言表達能力，會認為應該要先從閱讀簡單的書開始。然而，如果想要提升孩子的素養，必須採用不同的方法。重要的不只是讓孩子把一本書從頭讀到尾，而是讓孩子閱讀有深度的書。

不過，也不必一下子就讓孩子閱讀太過艱澀難懂的書。如果是國小二年級的孩子，就挑選適合三年級閱讀的書；如果是五年級，就讓孩子閱讀適合六年級的書。當孩子在閱讀時，遇到無法理解的地方，才會開始去思考。替孩子挑選讀物時，要注意這些小細節。

2. 細細讀完一本書

閱讀時，不能囫圇吞棗地帶過。而是要把書中的內容逐字逐行細細讀過。每當孩子讀十頁左右，可以做個簡單的測試，看孩子是否真的讀懂。但直接問孩子讀懂了沒，可能會讓孩子覺得自己不被信任。建議用輕鬆的語氣開啟話題，以聊天的方式，了解孩子閱讀後理解的程度，也是不錯的方法。

3. 記錄孩子的閱讀軌跡

當孩子讀完一本書後，可以讓孩子試著寫閱讀筆記，內容包含閱讀時間、閱讀書名、閱讀心得……等。透過這樣的方式，能更有系統的培養讀書習慣，同時也能提升孩子的閱讀素養。在閱讀筆記的最後一行，記得寫上當天的日期。長時間累積下來，這些文字紀錄就是孩子閱讀的軌跡。

孩子或許會覺得撰寫閱讀筆記，是一件很累或很麻煩的事情，但要鼓勵孩子持續寫下去不要放棄。雖然當下很辛苦，但迎來的將會是發光發熱的未來。

送給孩子的人生金句 13

讓孩子學會用正確言詞表達的秘訣

要如何才能讓孩子學會用正確的用詞表達？
當孩子排斥閱讀，或不想寫讀書筆記時，讓孩子試著抄寫以下句子。

一本書從頭讀到尾，是值得嘉許的事。
從頭到尾都讀過，才是真正讀完一本書。

最近喜歡讀書的孩子越來越少，能夠專注地把一本書從頭到尾細細讀完的孩子，更是少之又少。因為大多數的孩子，總是急著想知道後面的內容，因此看書時老是喜歡跳著翻頁。像這樣快速翻閱頁面閱讀，讀完整本書後可能只記得開頭和結尾。就像旅行時，一心只想趕快到達目的地的人，可能完全不記得旅行的過程。想要感受到語言文字的力量，就必須靜下心來，把一本書好好地從頭讀到尾。

父母的教育重點 13

不是長大後就會變得成熟

「長大後自然就會成熟了。」

許多父母們經常會這麼說。但真是如此嗎？很久之前，我曾到德國威瑪（Weimar）旅行。火車一下車後，突然下起雨來。因為是第一次去，對路況不熟，沒注意到有紅綠燈，不小心闖了紅燈。

過馬路過到一半時，突然驚覺自己闖了紅燈，覺得實在是太丟臉了，剩下最後幾步路，趕緊用跑的衝到對面去。但現在回想起來，當時闖紅燈的我，沒有被汽車駕駛猛按喇叭，也沒有被破口大罵。不禁會想是因為對方看我手上提了兩袋行李，背上還背著背包，下雨又沒撐傘，同情我這副狼狽的樣子，才沒按我喇叭嗎？對汽車駕駛來說，當時明明是車輛通行的號誌，但卻刻意放慢速度，在我面前停了下來，讓我先過馬路。

「我比你更累。」

「我很急，應該讓我先才對！」

經過這次的事件，我開始反省檢討自己，似乎凡事只想到自己，覺得很慚愧。雖然外表是大人，但內心卻還是不夠成熟。

一個真正成熟的大人，應該是怎樣的？當孩子無理取鬧時，不會隨便破口大罵，願意耐心地等待孩子恢復冷靜；即使再難以置信，願意相信孩子擁有無限的可能性，看見孩子身上背負沉重壓力時，願意傾聽理解孩子。能夠讓孩子因此而改變的，不正是成熟的大人嗎？

不是長大後，就會變得成熟。唯有「真正成熟的父母」，才能帶領孩子慢慢往好的方向前進。請記得，天下沒有不勞而獲的事，成功的背後都需要努力。

讓急性子的孩子學會慢下來

經過超市玩具區時，經常看見吵著要父母買玩具的孩子。

「我現在就是要買！」

一聽到孩子哭鬧，有些父母會連忙急著安撫孩子。

「乖，我們現在先不買，但媽媽答應你，等一下回家再上網幫你買。」

但孩子還是繼續無理取鬧。

「上網買什麼時候才會到？我不管啦，我現在就想玩。」

有時候，明知道上網買會比在店家買便宜，但經不起孩子再三央求，只好當下就直接買給孩子。這麼做其實很不好，會造成孩子食髓知味，個性會變得越來越急躁，一刻也不能等。長大後，很有可能凡事都想要「立刻」、「馬上」，如果達不到目的，就會發脾氣。但個性過於急躁的人，往往會錯失良機，因為機會是需要等待的。

送給孩子的人生金句 14

讓孩子知道等待的重要性

當一個人沒有體驗過，努力後獲得成就感時的雀躍，容易成為「急性子」。必須讓孩子明白，當他們為了某個目標堅持努力不懈時，「辛苦付出的時間不會消失，而是會不斷累積。」經過一段時間後，他們自然就會明白，美好的事物是辛苦等待換來的。讓孩子知道等待的重要，他們也會更珍惜自己的人生，懂得把握良機。

試著和孩子一起抄寫以下句子，相信會對孩子有所幫助。

許多人辛苦努力累積的成果，可能會因為一個人倉促的決定而消失不見。

要知道，累積很困難，破壞很容易。

因此，我不會心急，即使有想要的東西，也會認真思考過後，再做出決定。

父母的教育重點14

面對失控哭鬧的孩子，該怎麼辦？

對父母而言，最讓他們感到頭痛的事情之一，就是面對失控哭鬧的孩子。尤其當孩子在人多的公共場所哭鬧，更容易引爆父母的情緒地雷，也會讓旁人看了不知所措。更重要的是，這麼做對孩子本身，也會造成負面影響。因為在情緒不穩定時，卻看到父母突然暴怒，會在孩子的心裡留下陰影。

不妨趁這個機會，讓孩子知道「等待的重要性」。有時候，我們很容易因為太過心急，求快反而達不到目的，一切又得重頭再來過。累積很辛苦，但破壞卻是一瞬間，舉凡健康、名聲、愛、幸福等，皆是如此。當孩子明白這些道理，自然就不會太過急躁衝動，而是會再三思考過後再做出決定。

孩子或許很想要現在立刻獲得這樣東西，但當他接受並理解「之後再買也沒無妨」、「稍微等等也好」的事實，會覺得心情舒坦許多。此外，這樣的轉念方式，也能讓孩子變得更具競爭力。當孩子學會讓自己冷靜下來，好好地仔細思考觀察，會做出有別於以往的選擇，個性也會變得比較沉穩。與人相處時，也能懂得欣賞而非批評，懂得理解而非抱怨。

只要改掉急躁的個性，就能讓人生朝好的方向前進。父母也要盡量保持穩定的狀態，讓孩子看見自己不著急從容等待的樣子，幫助孩子感受到等待的美好。因為孩子終究是看著父母的背影長大的。

引導孩子走向幸福人生的說話習慣

當我們把自己的創作給別人看時，有的人總喜歡批評，開始對作品品頭論足。遇到這種人時，我們通常會心想：「我只是純粹想分享，並不是想詢問意見。」這些人通常很自以為是，喜歡隨便批評別人。但這種說話習慣很容易導致關係決裂，或者惹人厭惡，最好立即改正。

我們對孩子說話也是一樣，孩子需要的不是「批評」，而是「理解」。如果希望孩子擁有幸福的人生，必須養成良好的說話習慣，經常使用正向語言。

1. 以同等心對待一切

社會上總是在高聲疾呼，要打破不平等的關係。但現實生活中，我們真的做到平等對待了嗎？當遇到載我們回家的計程車司機，和幫我們送東西的快遞員時，是否真的能以平等的態度對待他們？曾經遇到一位開了二十年計程車的司機，他說這二十年來，從來沒有遇過客人在搖開車窗前，會先問過他能不能開窗？看似微不足道的一件小事，但當我們和不認識的人一起處在狹小的空間裡，要開窗或抽菸時，本來就應該要先尋求對方的諒解。事實上，就連我自己也是。當心情好時，可能會注意到；但心情不好時，也很容易會忽略掉這些細節。然而無論心情好壞，都應該要尊重身邊所有的人，以平等心待人處事。

試著從這件事開始做起吧！如果當天晚上下過雪，隔天天一亮就先出去把家附近的雪清乾淨。當孩子問為什麼要這麼做時，可以告訴孩子：「怕快遞司機送東西上來時會不小心滑倒，所以我先把雪清一清。」不光是用說的，而是用行動展現。先抱持一顆平等的心對待他人，這是說話得宜的第一項原則。

2. 考慮對方的心情

沒有顧及到對方的年紀和場合，說話不假思索的人，最常說錯的一句話就是：「辛苦了！」、「您繼續忙吧！」試想，二十歲的新進員工，對六十歲的資深員工說這句話時，對方的感受如何？「您繼續忙吧！」也一樣，是不適合對長輩說的話。說話時要看場合和對象，再選擇適合的表達方式。否則可能原本想表示禮貌，卻因為不小心說錯話，反而弄巧成拙。因此，說話得宜的第二項原則，必須考慮對方的心情後再說。不是去想自己要說什麼，而是先考慮對方聽到這句話的感受，慎選說話時的用字遣詞。一開始或許會覺得很難，想向對方致意表示禮貌時，可以一律說：「謝謝」就好。如果想展現誠摯的敬意，也可以誠懇地向對方說：「真的非常感謝您！」

3. 表達事實而非表達憤怒

這是父母最先應該改變的部分。

「為什麼沒來？不是說了會來嗎？」
「為什麼不接電話？你知道我已經打給你三次了嗎？」
「為什麼」這句話，聽起來帶有攻擊的語氣，言語間藏著埋怨和滿滿的情緒。
「為什麼不接電話？」這句話同樣帶有敵意，話裡充滿了憤怒，像是在質問對方：「你怎麼可以不理我？」會讓對方聽了很不舒服。雖然自己可能沒這個意思，但聽在對方的耳裡，卻會有這樣的感受。可以試著換個方式，表達時純粹陳述事實就好。
「很忙嗎？打電話給你沒接。」
跟孩子說話時也一樣。如果劈頭直接問孩子：「你為什麼不接電話？」站在孩子的立場而言，聽起來會覺得像是在質疑他們：「你一定是玩遊戲玩到電話響了都不知道！」、「你一定是想多玩一會，才故意不接的吧？」會讓孩子聽了心裡很難受。說話前，先暫時放下憤怒的情緒，平鋪直述地表達事實，才能達到溝通的目的。

送給孩子的人生金句 15

建立孩子自信心的說話習慣

「你真是個天才！」

這是知名大師和偉人們，小時候最常聽到父母對他們說的話。當然，「天才」這個名詞一開始無法輕易被認同，會被朋友們嘲笑，身邊的大人們也會要他們認清事實，讓他們自尊心受到傷害。然而，不斷誇孩子是「天才」，他們的表現會超乎想像。當孩子經常被誇獎，會產生自信，認為「自己什麼都做得到」。

所謂的「天才」，並不是大人們心目中像愛迪生或愛因斯坦那樣的人。對孩子而言，「我是天才」這句話帶給他們的意義，是無比的自信。

成立日本最大電信業及媒體業控股公司軟銀集團，躍身成為世界富豪的旅日僑胞——孫正義會長，從小也經常聽到別人誇讚他是天才。日復一日聽到同樣的話，讓他忍不住心想：「我真的是天才嗎？」，奠定了對自己強大的自信，也讓日後和他合作的商業夥伴，因為他的自信被他吸引，認為他在某些地方，的確具有天才的特質。雖然展現自信也需要看場合，但由這個例子可以看出，讚美對孩子的正面影響。

和孩子一起閱讀後，再把以下句子抄寫下來吧！

我什麼都做得到，因為我是天才，因為我不會放棄，努力不懈的人，什麼都做得到。

然而，太常聽到「天才」這個名詞，也可能會讓孩子變得驕傲。像這種狀況，可以讓孩子抄寫以下句子。

天才是謙虛的，因為唯有謙虛的人，才能擁有天才般的才能。

我努力學習想更了解這個世界，但當我知道得越多，頭就垂得越低，因為發現比我厲害的人多得是，但我永遠不會放棄挑戰，依舊會持續努力學習。

父母的教育重點 15

努力就能改變說話習慣

語言習慣的養成是來自「思想」，思想會化成語言。

把還沒熟的香蕉放在餐桌上，讓孩子看到香蕉由綠變黃的過程，接著問孩子：「為什麼香蕉擺在桌子上也會變熟？」

水果放在桌子上也會變熟，這是為什麼？人為什麼不會產生這樣的變化，水果卻會？看到香蕉逐漸變熟的過程，我們可以從中覺察到哪些事情？

藉此，可以和孩子談談關於「凡事都必須經過努力」這件事。即使是已經收成的水果，它們也是活生生的生命，也一樣會呼吸，透過努力行呼吸作用，進而催熟果實。對世界有貢獻的偉人們，也會為了成為更好的自己，持續努力不懈。說正面的語言，也一樣需要透過努力練習，才能建立良好的說話習慣。學會好好說話，人生將因此而改變。

培養不受環境動搖的獨立思考力

想活出高效率人生，最好在上大學前，奠定獨立思考能力的基礎。大學畢業後，當然也可以鍛鍊獨立思考力，不過需要花更多時間。因為年紀越大，越容易受外在環境影響。即使是長大成年後，也一樣可以培養獨立思考力，但會比小時候更困難，耗費的時間也會更久，相較之下效率較低。

那麼，要培養孩子獨立思考的能力，該怎麼做？孩子需要的不是「指導」，而是要讓孩子「學習」。但現階段的教育制度，不可能一下子改變，與其抱怨教育制度，不如先從家庭教育開始做起。請謹記以下三項原則，幫助孩子培養獨立思考的能力。

1. 從日常生活開始「學習」

即使是小事，也不要直接教孩子怎麼做，而是讓孩子試著從做中學。指導是老師的立場，學習是學生的立場。不管再怎麼教，如果學生不願意學，一點用處也沒有，必須讓孩子願意主動學習。

2. 啟發自主學習的閱讀法

學習，最終要走向「自我主導」。

要讓孩子自主學習，並讓他們為自己的選擇負責。但就像先前提到的，可以協助孩子挑選比目前程度稍微高一些的書籍閱讀。即使幫孩子挑選了讀物，也不要硬逼孩子讀。孩子想讀什麼，就讓他們讀什麼。就算是看漫畫，只要是他們自己挑選、有興趣主動閱讀的讀物，會比強迫他們讀經典著作，收穫要來得更多，因為是基於「自主學習」。

3. 懂得愛自己的身體和想法

要做到自我主導，要先從愛自己開始做起。一個不愛自己的人，無法為自己做選擇，也無法自主學習任何事物，只能一味地「接收」別人的想法而已。試著讓孩子去感受領悟身體之美，向他們說明每一個身體部位的名稱，讓他們用愛去擁抱自己的身體。當孩子懂得愛自己的身體時，才會開始真正思考。一切的思考從愛開始。

送給孩子的人生金句 16

學會獨立思考，拒絕人云亦云

二〇一六年《金融時報》（*Financial Times*）發表了一篇令人震撼的新聞報導。在富比士全球百大富豪榜中，每四位億萬富翁，就有一位是高中或大學中輟生。在這裡要探討的重點，並不在於他們是富豪這件事，而是他們都是「懂得獨立思考」的人。

史蒂芬・賈伯斯（Steve Jobs）、比爾・蓋茲（Bill Gates）和馬克・祖克柏（Mark Zuckerberg），他們也都是大學肄業。他們選擇了「思考的人生」，而非「讀書的人生」，因為他們早已描繪出自己的人生藍圖。

要把某件物品具體用圖像表達出來前，得先打好草稿。奠定好獨立思考能力的基礎，就像打草稿一樣。想要描繪出自己想要的人生藍圖，必須先學會獨立思考。擁有獨立思考能力的人，未來才能按照自己規劃，活出自己想要的人生。

試著和孩子一起抄寫以下句子，討論獨立思考的重要性。

獨立思考就像一面堅固的盾牌，將外在世界的干擾隔絕在外。

重要的不只是「考試高分的方法」

一對好友夫婦的孩子，在德國生活了十年。孩子從小在德國受教育，到小學六年級畢業才回國。雖然不會背九九乘法表，數學卻很厲害。學校並沒有要求孩子背誦，而是讓孩子理解「八乘八為什麼是六十四」。

德國的學校，重視的並非「教育」，而是落實「學習」。「教育」和「學習」兩者的意義不同。教育是單方面灌輸知識，學習則是自己思考後習得知識。在第四次產業革命的時代，最適合「自主學習」。因為未來的時代，需要「思考的智慧」，必須透過不斷思考再思考，才能有所成長。

直到回國後，好友面臨了困境。孩子上國中後回韓國念書，出現適應不良的情況。因為所有的授課模式，都是採取單方面灌輸知識的方式進行，沒有讓孩子自己思考、探索學習的課程。

「我學會了考試的答題技巧。」孩子用一句話概括了他在韓國學到的東西。這就是為什麼孩子在學校學到的東西，出社會後派不上用場。因為「答題技巧」，只有在考試時有用。結果，孩子到了二十歲，只學會了「怎麼考試」。

讓孩子能明確表達想法和書寫的秘訣

寫作和口語表達能力其實是一體兩面。擅長寫作的孩子，口語表達能力也較好。但即使上再多說話課，缺乏寫作能力的孩子，很難條理分明地表達自己的想法，因為缺乏「用文字組織想法的能力」。說話也一樣，要先組織好「想說的話」，才能清楚表達。

1. 讓孩子了解寫作的意義

首先，寫作是「難為情」的。必須接納自己，才能開始書寫。因為寫出來的東西，第一位讀者就是自己。面對想要隱藏的內在，會覺得很難為情。但這是寫作必經的過程。因此，願意寫作的人很勇敢，擁有強大的內在力量。當內心感到脆弱時，不妨開始寫作吧！透過文字的書寫，聆聽自己內在的聲音。

第二，寫作是「令人畏懼」的。當別人閱讀我的文字時，可能會否定我的想法，也可能會被放大檢視。此外，寫出來的文字或許會被誤解，或是讓人感到失望。因此，寫作是一件令人害怕的事。許多人之所以中途放棄寫作，也是由於這個緣故。當不再寫作時，當下可能會覺得「自由」了，但內心的空虛感也會隨之而來。因為真正的自由不是逃避，而是面對。

第三，持續寫作能「保持靈感」。生活中的靈感和思緒，如果沒有用文字表達出來，很快就會消失不見。對認真寫作一段時間，後來又停止寫作的人而言，最痛苦的事情莫過於「失去創作的靈感」。而保持靈感的方法，在於持續寫作，一有靈感就寫下來，文字是抓住靈感的最佳工具。因此，我們必須讓孩子了解，為什麼要寫作？寫作真正的意義是什麼？

2. 讓孩子了解正確說話的重要性

我很認同這句話。

「擅長寫作的人，也很會說話。」

當然，可能也會有人反駁：「我雖然很會寫作，但說話是很即時性的，沒有這麼容易。」不過，這並不是不會說話的真正原因。

有時候，我們即使經過充分準備，與人結束談話後，還是會經常感到懊惱。

「啊！那時候應該要這麼回答才對。」

「為什麼現在才想到更好的回答？」

之所以無法適時運用事先準備好的回覆，是因為那些話並沒有真正在落實日常生活中。換句話說，那只是為了說服別人所講的話，只是嘴巴講講而已。如果真的把那些話牢記在心，並經常在生活中運用，無論遇到任何狀況，都能馬上侃侃而談。然而，生活中不常說這些話的人，即使花很多時間硬背，也很難立刻說出這些話。

會說話並不只是意謂著，可以在短時間內說服別人。有的人即使跟他說不到十句話，就會讓人印象深刻，覺得「這個人很會說話」。他們的特點在於，說話不是出於某種目的，而是純粹表達自己的想法。

孩子會寫作卻不大會說話？如果是這樣，請先檢視以下兩點。

- 寫出來的文字是否能感動別人？
- 是否文如其人？

假如兩者皆非，那麼孩子並不是會寫作，而是「自我意識強烈」。自我意識強烈的人，寫出來的文字很難打動人心，因為他們總是認為自己才是對的，自然不善於與人溝通交談。因為他們只是義正嚴詞地表達自己的意見，不懂得理解接納他人。

送給孩子的人生金句 17

懂得用「自己的話」表達

有的孩子即使讀了很多書，卻不知道該怎麼表達自己的想法，他們的共同點是不擅於寫作。而有的孩子雖然說起話來跟大人一樣，表現卻一點也不成熟，他們說話的特徵是會把「在某處曾經聽過或讀過的話」，像鸚鵡一樣覆述，卻沒有自己的看法。

想想看，為什麼會這樣？

接著，請父母和孩子們一起閱讀以下句子，再把它抄寫下來。

想說出有意義的話，得先活得有意義；想寫出有智慧的文字，得先活得有智慧。

文字和語言只是表達自己的一種工具，想說什麼樣的話，想寫出什麼樣的文字，就得活出什麼樣的人生。

父母的教育重點 17

語言和文字即是實踐

文字的表達必須具有真實性，而非無中生有。當然，有些文字是基於想像寫出來的，但文字的真實性原則很重要。經常練習寫出真實的文字，之後也能憑著想像力，寫出天馬行空的創作。因此寫作要先求真實，再求創意。

孩子們之所以無法用文字精準表達自己的想法，並不是因為沒有想法，而是因為想法沒有落實在生活中。

試著讓孩子了解寫作和說話一樣，關鍵在於想法的落實。語言和文字即是實踐，把想說的話，想寫的文字，真實地在日常生活中實踐。

培養孩子獨特文字魅力的抄寫練習法

人們對色彩總有既定的印象，認為蘋果應該要畫成紅色的，兔子要畫成白色，覺得這樣畫才是對的。然而，創意不應該受限，要寫出別具巧思的文字，也必須跳脫既定的框架限制。陷入刻板框架中的文字創作，無法彰顯出獨特的魅力。想要鍛鍊文字魅力，最好的方法就是「練習和自己獨處」。坐下來聆聽自己內在的聲音，給自己沉思的時間。

也可以為孩子挑選能讓心情平靜舒緩的音樂。父母往往會誤以為，孩子不懂得欣賞古典樂或爵士樂這類高質感的音樂，但孩子們其實也有「聽音樂的耳朵」，懂得區分好聽和不好聽的音樂。

・・・

孩子在獨處時，會慢慢出現「不一樣的想法」。換句話說，也就是會開始擁有「自己的色彩」。學生時期時，我的國文很爛，對語言文學完全一竅不通。每次想出來的答案，都跟標準答案落差很大。即使想出兩個答案要二選一時，也總是猜錯，甚至常常兩個答案都是錯的。但現在的我，卻愛上了自己最不擅長的事，透過文字去感受觀察這個世界，還出了十幾本書，在各大社群媒體平台，擁有逾十萬名的讀者。喜歡我文字的人，總是說我的文字「很特別」。我之所以提這些事，並不是為了自吹自擂，只是想說我寫出來的東西，跟別人不一樣。

在華麗的燈光下，和眾人談笑風生，聚會結束後一個人回到家中坐在房裡時的樣子，才是自己最真實的呈現。試著放下手機，坐在椅子上，靜靜和自己獨處，覺察自己的內在。

要讓孩子理解，比起獲得別人的關愛，更重要的是要懂得愛自己；比起贏得別人的認同，更重要的是自我的認同。

外殼越堅固美麗，看不見裡面的東西，越容易壞掉。試著脫下外殼，去看看自己真實的內在吧！神之所以創造孤獨，是因為人需要透過獨處自我探索。一個人獨處時，面對的是真實的自己，懂得獨處的人，內心會變得越強大。

送給孩子的人生金句 18

讓孩子盡情表達自己的想法

1. 為孩子打造專屬的獨處空間

歌德選擇獨處的地方是菩提樹。在他的著作《少年維特的煩惱》（*Die Leiden des jungen Werther*）一書中，男主角維特在自殺時留下了遺言，要人們將他葬身在菩提樹下。雖然悲痛欲絕地寫下了這部小說，但對歌德而言，把自己的分身埋葬在菩提樹下，撫平了他內心的悲傷。事實上，在小說出版後，他曾袒露自己也從中獲得療癒。每當難過或孤獨時，他總會獨自前往城門前的菩提樹。

每個人都需要可以自在獨處的空間，孩子也一樣。既然如此，不妨走進大自然吧！大自然是最好的老師，徜徉在大自然的環境裡，許多人因此獲得啟發，同時也治癒了心靈的創傷。啟發和療癒是相輔相成的，因為當內心的傷痛沒有被療癒時，也無法獲得任何啟發。

2. 讓孩子盡情表達

徹爾尼是貝多芬的學生，是優秀的作曲家，同時也是鋼琴家和音樂教育家。當他們談到，音樂初學者要如何成為出色的音樂家，貝多芬曾給出這樣的建議：

如果已有某種程度的理論知識，不妨盡情地演奏吧！即使中間彈錯了也無妨，因為用自己的方式演奏，比理論更重要。

一味學習枯燥複雜的理論，會毀掉孩子的創造力，這點貝多芬再清楚不過。當然，學習理論是有必要的，但對培養演奏的魅力毫無助益。

不妨試著和孩子一起抄寫練習吧！即使孩子現在文筆普通，透過一段時間的抄寫練習後，也一定能寫出有魅力的文字。

我可以想到什麼就寫什麼，就算寫錯也無妨，不要在乎別人的眼光，那一點也不重要。重點不在於別人怎麼想，而是我怎麼想，盡情地把自己的想法寫在紙上。

父母的教育重點18

暫時忘記文法，想寫就寫吧！

學生時期時，我的國文程度很差，也最討厭國文這門學科。因為被文法和語法困住，寫作時總無法暢所欲言。想寫出具有獨特魅力的文字，必須寫出自己獨一無二的文字。

暫時拋開文法的束縛，盡情地書寫吧！文法是一種制式的書寫規範，了解文法固然重要，但千萬不能受限於文法。不要讓孩子的創作靈感，拘泥在既定的框架裡。

試著讓孩子想到什麼就寫什麼吧！這樣孩子才能在創作時，跳脫出世俗框架的限制，盡情發揮自己的色彩，畫出藍色的兔子和黃色的雲朵。當孩子將創意落實在生活中，自然就能信手拈來，寫出精采動人的文字。

Chapter 4

突破

為自己的選擇負責
並接受挑戰

成為能夠獨立思考的人

我們希望「學習」能更上一層樓，於是又進一步「學習如何學習」，這是教育悲哀的現實。然而，為什麼無論再怎麼學習，依舊沒有進步？從學習如何學習這件事來看，不難理解箇中原因。因為學任何東西之前，其實必須學會獨立思考。光是按部就班按照別人的指導學習，是行不通的，真正必須學習的是別人「沒教的東西」。

在美國大聯盟闖出一片天的韓國職棒選手秋信守，是相當出色的球員。但他並不是一開始就大放異彩，也曾徬徨迷惘過，領著微薄的薪水度日。在最痛苦的那些日子裡，他曾對辛苦養兒育女、在背後支持自己的太太這麼說道。

「再忍一忍，好日子不遠了，妳的辛苦會有代價的。」

妻子聽完笑著回他，「我又不是為了獲得代價才這麼做的。」

妻子的一句話，帶給他很大的力量，因為感受到妻子對他不求回報的愛。

事實上，說這句話並不困難，難的是「想到這句話」。想不出來的人，無法在需要的時候，適時說出這句話。即使心意再真切，如果無法及時說出口，對方也可能什麼都感受不到。

學會獨立思考，是這個時代所要面對的核心課題。看到相同的事物，卻能從中發掘出不同之處的人，我稱他們是「影響者」，能夠發揮對世界的影響力。

⋯

許多文章每次提到「起跑點不同，會產生不公平的結果」時，經常會用網路上的一張圖片來說明。在這張圖片裡，兩個孩子站在起跑點上，一個看起來家境不錯，蹲坐在父母的名車引擎蓋上，擺出準備起跑的姿勢；另一個孩子則是拉著上面載著父母的老舊推車。

針對這張圖片，做出各種可能的解釋說明時，一般人最常注意到的，不外乎都是：「開著名車出發的那一家人，可以更舒適、更迅速抵達目的地。」然而，能夠站在不同角度看事情的人，會發現不一樣的新觀點。

- 在汽車引擎蓋上的孩子，如果稍微不小心，可能會從車上掉下來，導致受傷甚至失去性命。財富固然美好，但也可能會毀掉一個人。
- 當車子迅速行駛時，孩子可能因為速度太快，無法好好跟坐在車子裡的父母聊天。一味追求速度的生活，可能會錯過和家人相處的時間。
- 雖然可以很快到達目的地，但對孩子來說，他們只會記得起點和終點。由父母主導的速成教育，會讓孩子無法感受到學習過程的可貴。

相反的，靠自己的力量承載著父母的重量，獨自拉著推車的孩子，可能會擁有截然不同的人生。

- 雖然過程中難免會跌倒受傷，但因為是靠自己的力量拉著推車，即使受傷也不會傷得太重。再加上途中的經歷，會累積成個人獨有的資產，鍛鍊出強壯的心靈肌肉。孩子會發現，由自己主導的人生，依照自己的步伐循序漸進，將會是最精采的人生。
- 以緩慢的速度前進，可以隨時和坐在推車上的父母聊天。不僅可以聽取父母的建議，也可能會獲得激勵。雖然很累，卻能讓孩子感受到和父母一起前進的喜悅。
- 因為是靠自己的雙腿，載著父母一步一步往前走，親身去體驗所有過程。當孩子走出自己的路，孩子自然會懂得什麼是負責任。太急著抵達目的，可能會錯過這些人生體驗。把腳步放慢，反而能從中學到人生寶貴的一課。

在這些觀點中，最重要的一件事，在於汽車的方向盤是操縱在父母手上，而拉著手推車的孩子，人生的方向操之在己。前者如果沒有父母的協助，可能什麼也做不了；而後者即使只有自己一個人，也能在人生的舞台上發光發熱。

我並不是想強調哪一種比較好。這世界上有坐在車子上的孩子，也有拉著推車獨自前行的孩子，但並不會一直都是如此。隨著時間的推移，也可能會角色互換，拉推車的變成開車的，開車的變成拉推車的。重點在於，是否能以樂觀的角度，看待自己所處的狀況。如果只看不好的地方，不管處在任何狀況，都不會對自己的人生感到滿意。必須先對明天充滿希望，才能擁有值得期待的未來。

因此，成為能夠獨立思考的人是很重要的。因為希望並不會從天而降，這是只有能從各種觀點分析狀況，進而從中發現希望的人，才享有的「特權」。懂得獨立思考的孩子，才能讓明天充滿希望。

送給孩子的人生金句 19

五句話培養出自主學習的孩子

所謂「自主」，其實是跳脫一成不變的機械式學習，讓孩子按自己的想法，活出自我的證明。舉例來說，教孩子讀詩，讓孩子背誦，是大多數人採用的制式化教育。用這樣的方式學習，孩子的世界會變得黯淡無光。只有當孩子找到適合自己的學習方式時，才能走出自己的路。

想要培養出自主學習的孩子，必須從教育開始做起。教孩子讀詩時，不是讓孩子背誦，而是讓孩子去體驗詩的意境。與其讓孩子背誦一百首詩，不如讓孩子真正去感受理解一首詩吧！對孩子來說，比起靠別人的幫忙拿到滿分，靠自己的力量獲得五十分反而更好，因為是自己努力後獲得的成績。即使孩子考不好也沒關係，要找到適合自己的學習之路，本來就會經歷跌跌撞撞的過程。想要澈底改變，就必須趁還來得及之前，從根本開始做起。

雖然過程中無法迅速前進，但永遠不會在痛苦面前停下來的孩子，無論做任何事情，都會盡自己最大的努力，同時也會為了實現自己的夢想積極學習，靠自己的力量獨立思考，創造屬於自己的美好人生。這樣的孩子有幾項特點，這些特質可能會展現在對生活的態度，也可能是日常生活中經常出現的習慣。

以下五句話，是我想傳達給所有的父母和孩子。這五句話的涵義，可能稍微難以理解，在之後的「父母的教育重點」裡，會再詳加說明。

接下來，請父母和孩子一起把這五句話大聲讀出來，再把它抄下來。可以把孩子手寫抄下來的紙張，貼在孩子經常看得到的地方，像是冰箱或門上。透過反覆閱讀、潛移默化養成習慣，讓這些話成為自己的一部分。

1. 現在決定一切。
2. 把握人生的每一段時光。
3. 不受命運的擺佈。
4. 態度是「第二張嘴」。
5. 保持高尚的品格。

父母的教育重點 19

引導孩子積極學習的家庭教育

1.「現在決定一切。」

為世界帶來改變的所有創作，都是從現實題材開始的。非現實題材的創作，無法立即運用在現實生活中。必須活在當下，運用當下的力量，不緬懷過去，也不盲目追求未來。因為未來所有的一切，都是現在造就的。雖然難免會遇到突發狀況，這是我們無法控制的。但我們唯一能做的，就是活在當下，把自己的信念，落實在生活中，這才是最明智的做法。

2.「把握人生的每一段時光。」

就像大自然有四季變化，人生也有不同的季節。人生的季節，是以「年紀」來區分。十幾歲時，有十幾歲要做的事；二十幾歲時，也有那個年紀要做的事。因此，不能把十幾歲時要做的事情，拖到二十幾歲才做。也不必太在意昨天犯的錯，因為今天也可能一樣會犯錯。不要為昨天糾結，而是把握今天。珍惜人生的每一段時光，無論失敗或成功，都是一種淬鍊，使我們成長茁壯。

3.「不受命運的擺佈。」

努力後得到的成果，和偶然獲得的成功，兩者必須區分清楚。如果把幸運得來的成果，當成是自己的努力而沾沾自喜，反而會造成自己的阻礙。要區分清楚什麼是希望和欲望，什麼是努力獲得的成就和運氣。雖然人一出生的命運難以抵抗，但我們可以選擇不受命運的擺佈，讓自己活出不後悔的人生。希望父母們閱讀完以下這段文字後，可以把這些話抄下來。

讓孩子知道能力是有極限的，是聰明的父母；
讓孩子勇於挑戰能力的極限，是偉大的父母。

因為挑戰不是靠口頭指導，而是父母生命經驗的傳授。教孩子勇於挑戰的父母，能讓孩子的夢想因此變得偉大。

4.「態度是『第二張嘴』。」

初次見面給人留下負面印象的人，他們可能會說：「那是因為你還不了解我，了解過後，會發現我這個人還不錯。」試圖為自己的負面形象做辯解。然而，說這句話其實於事無補，因為當一個人給人的第一印象很差時，很少有人會為了找到這個人的優點，繼續在旁邊觀察了解這個人。

問題出在態度。因為一個人的態度決定了給別人的印象。因此，要經常設身處地為對方著想，善待他人的這份心意，會體現在態度上。有時候，比起說出口的話，一個人所表現出來的態度，會影響人們對他的印象。請記得，態度不是一種習慣，而是來自對待他人的心意。

5.「保持高尚的品格。」

我們把凡事獨立靠自己的人，分成兩種類型：一種是受人尊敬的人，一種是不受歡迎的人。如果想成為像前者一樣，成為受人尊敬的人，必須教孩子培養高尚的品格。世界上知識淵博的人很多，但擁有高尚的品格卻是很難能可貴的，因為並不是每個人都具備這樣的特質。知識可能會讓人不小心誤入歧途，而高尚的品格則會引領我們，時刻走向正確的道路。即使閉上眼睛、關上耳朵，也知道哪條才是邁向光明的路。要培養高尚的品格並不難，當我們不會輕易受到動搖，堅持正確觀點，言行舉止得宜，品格自然能提升。知識越是氾濫，高尚的品格越是顯得珍貴。無論是現在抑或是未來，保持高尚的品格，是保護孩子的堅強後盾。

能成為某人的引路者，從旁予以指導協助，是非常偉大的一件事，因為如果沒有愛，是絕對無法開始做這件事。因此，我經常說：「只有向懂得愛的人學習，才能真正學到東西。」從某種意義上來說，父母應該要永遠懷抱著愛。只有愛孩子的父母，才能正確教育孩子。

如果身為父母的您，正在煩惱孩子的未來，不妨把上述五句話，當成是人生的座右銘，落實在生活中。對孩子而言，父母是最好的引路者，他們可以從父母身上，找到屬於自己的答案。

世界富豪的四種選擇習慣

在超市推推車逛街時，總會莫名放了一堆東西到購物車裡，正在大特價的、好像用得到的、孩子吵著要買的……，但到了結帳台前一看，幾乎都不是迫切需要的物品。網路購物也一樣，很容易不小心花費超出預算。這樣的購物行為之所以不妥，是因為孩子其實都看在眼裡，會學習父母的生活方式。如果想徹底解決這個問題，不想再重蹈覆轍，請務必將這句話謹記在心。

生活中充斥著過多不必要的東西，會讓我們的生活失去平衡。

送給孩子的人生金句 20

我真的需要這個東西嗎？

逛街時，請再仔細檢視放進購物車裡的物品清單，接著問自己：「我現在真的需要這個東西嗎？」

如同前面所述，當父母習慣過度消費時，孩子很可能也會像父母一樣，總是喜歡買一些不必要的東西。看看孩子書桌上堆滿的雜物，就足以證明這點。

讓孩子抄寫以下這四項原則吧！不會過度消費，盡可能物盡其用的人，他們在購物時，會先思考以下問題。

1. 我真的需要這個東西嗎？
2. 這東西對我有幫助嗎？
3. 如果沒有會怎樣？
4. 我非得要這東西不可嗎？

建議在孩子抄寫時，可以引導孩子思考自己過去的消費習慣。透過引導和抄寫的過程，讓孩子有更深刻的體驗和感受。

最明智的消費策略，是會先思考過第一個問題後，再選擇是否購買。按照這個標準購物時，就會購入目前急迫需要的物品。真正能體會到消費樂趣的人，往往會採用這項消費策略。

當我把這樣的購物原則套用在生活中後，也有深刻的體悟。這十年來，我把價值三萬韓幣的電子產品物盡其用，幾乎每個禮拜都會使用，有時甚至會突發奇想，把它應用在其他地方上。並不是因為我特別節儉或富有創意，是因為在買東西前，都會先思考第一個問題後再決定。當只購買需要的東西，盡可能物盡其用時，也會在生活中培養出意想不到的創造力，因為會仔細思考如何讓物品發揮它的最大價值。比起物品的價格，重要的是當我擁有這項物品時，我所感受到的價值。物品的價值並不是由標籤上的價格決定，而是取決於我怎麼運用。

人生也是如此。有時我們可能會生某人的氣，也可能會因為目標無法達成而感到難過。但孩子們透過抄寫的過程，會慢慢放下憤怒、痛苦、絕望，因為這些正是上面提到的「不必要的東西」。讓孩子練習在消費前經過思考，不購買不必要的東西時，對孩子的情緒管理也會有幫助。當然，這並不是一件容易的事，就連我一開始也很難做到。因此，更需要在日常生活中反覆練習。即使是微不足道的小事，也一樣必須經過認真思考後，再做出決定。

父母的教育重點 20

所有偉大的事物，一開始都是不起眼的

值得注意的一點是，所有一切事物的改變，都是從被認為是「微不足道的小事」開始的。

我想問大家一件事：「世界頂級的富豪們，他們是怎麼開始賺錢的？」

Google 創辦人賴瑞．佩奇於一九九八年九月，向朋友商借家中倉庫，在加州成立了公司。將時間往前推移到一九三八年，地點同樣在加州，大衛．普克德和威廉．惠利特兩人在簡陋的倉庫裡，創辦了世界一流企業——惠普（HP），這個地方後來也成為矽谷的發源地。亞馬遜（Amazon）網路書店、賈伯斯的蘋果（Apple），一樣也是在倉庫發跡。從美國頂尖學府哈佛大學輟學後，和朋友待在狹小的倉庫裡，成立「微軟」（Microsoft）的比爾．蓋茲也不例外。許多偉大的企業家們，都是在破舊的倉庫中，展開他們的夢想。所有偉大的事物，一開始都是不起眼的。要締造出非凡的成果，究竟需要具備什麼樣的決心？

當年比爾．蓋茲在倉庫創辦微軟時提出的標語，說明了一切。

「讓每張辦公桌和每個家庭的每張書桌上都有一部電腦！」

頂尖的創造者和富翁們，他們總是會做出最明智的選擇。然而，更重要的是，他們對自己所選擇的道路堅信不疑。就像比爾．蓋茲一樣，必須擁有堅定無比的信念，相信就會看見，看見就會實現。

孩子因為意志力相對薄弱，即使做出明智的選擇，往往容易受到動搖而放棄。這時候，父母必須要堅定立場。讓孩子產生信心，並實際親身體驗。所有通往偉大的道路，起步雖然艱辛，但堅持到最後，迎來的將會是豐碩的成果！

遇到任何困難，都懂得尋找出路的孩子

首先，想跟大家介紹讓我感觸很深刻的一首詩。無論你是否為人父母，在人生中跌倒受挫時，相信讀這首詩，都能帶給你很大的力量。

當我是個孩子的時候，如果他們能夠發現一種療法……
我就可以騎單車並且溜直排輪，
我就可以到大自然裡來段長距離的遠足。

當我是個少年的時候，如果他們能夠發現一種療法……
我就可以考取駕照開車，
參加我的畢業舞會，盡情地跳每一支舞。

當我是個青年的時候，如果他們能夠發現一種療法……
我就可以環遊世界、宣揚和平，
可以結婚並且有自己的孩子。

當我是個老頭的時候，如果他們能夠發現一種療法……
我就可以遊歷各個國家、體驗文化，
驕傲的和我的孫子們一起欣賞照片。

當我活著的時候，如果他們能夠發現一種療法……

我就可以不靠機器而且沒有痛苦地過每一天，
我可以讚頌對生命最大的感恩。

當我被埋葬並進入天堂的時候，如果他們能夠發現一種療法……
我仍然可以跟我的哥哥和姐姐們在天堂裡歡慶，
我仍然可以很高興地知道，
我也盡了力。

——馬提．史提潘尼克[5]〈如果他們能夠……我就可以〉

[5] 馬提．史提潘尼克（Mattie Stepanek，一九九〇—二〇〇四），美國詩人。他三歲開始寫詩，到因肌肉萎縮症逝世前，已寫了超過一千首詩，其所著的詩集至今已售出超過一百萬本。上述〈如果他們能夠……我就可以〉這首詩，摘自馬提．史提潘尼克的著作《心靈之歌的旅程》（*Journey through Heartsons*），由格林文化出版，譯者為郭恩惠。

令人驚訝的是，這首詩是出於一位孩子的手。作者馬提．史提潘尼克，是美國兒童詩人，因為罹患肌肉萎縮症，年僅十三歲就離開人世。從小行動不便的他，必須坐輪椅，倚賴呼吸器維生，每週還得到醫院洗腎。儘管如此，他卻十分勇敢，從未放棄任何希望。在他過世之前，共出版了五本詩集，字字句句真情流露，每一本詩集皆榮登《紐約時報》（*The New York Times*）暢銷排行榜第一名。在他詩集裡，我最喜歡以下這段話：

願這本詩集，能照亮所有渴望迎向光明的你，尤其是孩子及其家人們。

要記得風雨過後，就能再次盡情地奔跑嬉戲。

送給孩子的人生金句 21

讓孩子真實的活著

許多孩子經常半途而廢，沒有完成自己該做的事，只想找藉口替自己辯解。沒有找到堅持下去的動力，卻有千百個放棄的理由。當然，並不是只有孩子才會這樣，大人們也是如此。然而，小詩人馬提．史提潘尼克卻跟別人不一樣。儘管他的一生是如此短暫，但他將僅剩的生命時日發揮到淋漓盡致，嘗試挑戰各種事物，並深信自己可以辦到。雖然每天都要背著比身體還重的機器生活，但他沒有抱怨，也從未放棄希望，甚至寫下動人的詩歌。和孩子一起朗讀他所寫的詩〈啊！真是奇蹟！〉，並把它抄下來吧！

早上
醒來的時候
我還活著
我還能呼吸
我真真實實地活著
這真是奇蹟啊！

——馬提・史提潘尼克

父母的教育重點21

讓孩子理解生命每一刻的寶貴

小詩人在他十三歲那年離開人世，並留下了這句話。

「我，真的全力以赴了，對吧？」

看到這句話時，我忍不住哭了。從這句話中，可以充分感受到他內在的強大和成熟的心智。究竟是什麼原因，讓這個孩子可以擁有如此強大的內在力量？針對這個問題，在他十二歲上電視節目「賴瑞金現場秀」（*Larry King Live*）訪談內容裡，或許可以找到答案。

有時候，我會問：為什麼是我？為什麼我的人生會這麼辛苦？為什麼我會得絕症？

然後，我又會換個方向重新思考，為什麼不能是我？

他沒有自怨自艾，而是欣然地接納死亡的到來。

如果希望孩子不要浪費時間自怨自艾，必須讓孩子理解生命中的每一刻，都是寶貴的。當他們了解生命的寶貴，就不會把時間浪費在怨天尤人。人生中無論遇到任何挫折，與其一直去想「為什麼這種事會發生在我身上？」，倒不如採取逆向思考，反問自己「為什麼不能是我？」當能以正面的心態面對人生中的難題，生命自會有答案。

父母越給力，孩子越有力

一個孩子出生時，因為臍帶繞頸，氧氣無法正常輸送到大腦，導致孩子腦性麻痺和四肢癱瘓，不能走路，也不能說話，一出生就注定飽受病魔折磨。在孩子出生後的八個月，醫生對他的父母這麼說，「放棄這個孩子吧！他這輩子都會是植物人。」

然而，他的父親卻不願意放棄，決心要和兒子努力，一起寫下屬於他們美麗的人生篇章。隨著時光流逝，兒子漸漸長大，開始會用鍵盤打出「爸爸」、「媽媽」像這樣簡單的單字。某一天，兒子突然寫下一句話。

「我想跑步。」

這是兒子第一次表達出自己的感受。短短的一句話，讓父親深受感動，毅然決然辭掉工作，開始用推輪椅的方式帶著兒子跑步。四年後，兒子表示他想參加鐵人三項比賽。但父親自己成年以後再也沒有騎過腳踏車，也不會游泳，旁人紛紛勸退他。

「這根本是不可能的事，太瘋狂了，這麼做只會讓小孩更辛苦！」

愛，讓所有的不可能化為可能，他並沒有因此打退堂鼓，為了圓兒子的夢想，他開始學游泳、學騎腳踏車，報名參加鐵人三項。他在腰上繫上一條繩索，拖著載著兒子的橡皮艇，游了三點九公里。然後，又載著兒子騎腳踏車，在地勢險峻的熔岩地帶，騎了一百八十點二公里。最後，他推著兒子的輪椅，跑完四十二點一九五公里的馬拉松。

過程中，兒子絲毫幫不上忙。他唯一能做的，就是躺在橡皮艇上和坐在腳踏車上，讓父親帶著他完成所有賽事。然而，也是因為有他在身邊，父親才沒有放棄。

雖然許多人都說，如果父親沒有帶著兒子獨自一人參賽，很可能會刷新世界紀錄。

不過，父親卻斬釘截鐵地說：「要不是有兒子在，我根本就不可能做到。」

跑過馬拉松的人都知道，參賽的過程十分辛苦。有時會熱到連身上穿的短袖運動衫都想脫掉；有時猛烈的風打在臉上，痛到會讓人很想中途放棄。然而，他卻依舊堅持到底，推著兒子的輪椅翻山越嶺。雖然大腿內側的肌肉劇痛無比，但再痛也比不上他對兒子的愛。

父親超乎常人的深愛著兒子，兒子也活出了超乎常人的人生。一九九三年，兒子考上波士頓大學特殊教育系，研究電腦專業知識，並取得學位。他透過鍵盤打字的方式，寫下了這段話：「父親實現了我的夢想，他是翅膀下的風，讓我能展翅飛翔。」

在所有挑戰結束後，兒子如此說道，「要是沒有父親，我根本就做不到。」

接著，父親凝視著兒子，對他說：「要是沒有你，我根本無法開始。」

．．．

有些父母因為經濟條件或家裡環境不好，認為自己無法提供豐富的資源給孩子。但請記得，孩子的力量源自於父母，父母越給力，孩子越有力。當父母和孩子「有一條線緊緊相連」，彼此間能夠建立深厚的情感連結，孩子將會所向無敵，無論遇到任何挑戰，也能無所畏懼。只要他們知道世界上，有一條最堅固的繩索，會緊繫著彼此，一切便已足矣。

送給孩子的人生金句 22

行不行不是別人決定，而是自己決定

凡事不可能盡如人意，養兒育女也絕非易事。但即使再辛苦，也都不要氣餒，要打起精神來。因為每個父母，都是孩子夢想的園丁。

看似不可能的事情，沒有人想去做，無論是大人或孩子都一樣。然而，那些能為世界帶來驚人改變的事，往往都是從不可能開始。

家裡有種過盆栽的人，應該都有過這種經驗。當外出長途旅行或一段時間忘了澆水，就會面臨盆栽乾枯的狀況。曾替乾枯的盆栽澆過水嗎？試著帶著孩子一起觀察，可以發現盆栽的葉子雖然已經枯萎，但莖上還留著柔軟的植物茸毛。從這點可以讓孩子體悟到一件事，即使看似枯死的盆栽，還是有重新活過來的一線希望。和孩子一起閱讀以下這段話後，再把它抄寫下來。

世界上沒有非得放棄不可的事，行不行不是由別人決定，
是由我自己決定。
任何挑戰都有成功的希望。

抄寫完後，可以和孩子聊聊，聽聽看他們在替枯死的植物澆水時，有什麼感受？試著讓他們把感受寫下來。大自然是最好的教科書，讓孩子把從大自然學到的東西寫在紙上和父母分享。透過這個過程，孩子會感受到大自然的偉大，也會因此愛上大自然。

父母的教育重點 22

誰說當父母就一定要完美？

要救活枯萎瀕死的植物，不是把希望擺在已經乾枯的部位，而是雖然纖細瘦弱，但還在行呼吸作用的葺毛。要專注於思考「行得通」的地方，養兒育女亦是如此。

許多專家都說：「養兒育女雖然辛苦，但也是因為孩子，才能堅持下去。」再三強調如果想把孩子教好，父母必須秉持一貫的教育原則，無論任何情況下，都不能輕易動怒。

然而，我跟他們的想法不大一樣。做父母的，不可能做到凡事盡善盡美，父母也會犯錯，也可能會累到無力想哭，也會陷入懊悔。

第一項原則是「不要折磨自己」。世界上沒有比養兒育女，來得更可貴的事情。換句話說，父母做的事情，是世界上最難能可貴的事。正因為身負重任，父母更要懂得把自己照顧好，保護好自己。

第二項原則是「不要對發脾氣的自己感到愧疚」。即使是修養再好的聖人，也可能會碰到理智線斷掉的情況。重點不在於做到不動怒，而是要不斷練習找到更好的方式來教育孩子，重新走在正確的道路上。養兒育女的路上，難免會踢到石頭，跌倒在所難免，但我們能做的，就是跌倒後再爬起來。做我們可以做的事情，繼續不斷前行。

第三項原則，不要因為無法長時間陪伴孩子，或無法提供更好的環境給孩子而感到自責。現在的你，已經夠好了。誰說當「父母」就一定要完美？最重要的是，只要擁有一顆愛孩子的心就夠了。

你很好，你很好，一切都很好。回到最初愛孩子的那顆心，對孩子純粹的愛，比任何教養方法和環境來得更重要。

如何將孩子引導到正確的道路？

有一位母親，她在十九歲那年結婚，二十一年內生下十九個孩子，其中九個孩子不幸夭折。活下來的十個孩子，在她的教導下，個個成就非凡。這個故事的主角，正是蘇珊娜·衛斯理（Susanna Wesley）。她是被稱為「十八世紀拯救英國的宗教改革者」約翰·衛斯理的母親。更令人訝異的是，她是自己在家帶孩子，用自學的方式教育孩子。在現代社會中，光是一個孩子就已經很難教了，她卻能把十個孩子教得這麼好，實在令人敬佩。

然而，在教育孩子的路上，她也曾遇到瓶頸。即使採取因材施教的方法，但孩子有時的表現也並不如預期。其中有一個女兒特別固執，經常讓她擔心，偶爾也會出現偏差行為。

「要怎樣才能把孩子引導到正確的路上？」

幾經思考後，她想到了一個方法。她拿了一捆木炭，放到女兒面前說：「孩子，抱著這捆木炭吧！木炭不會燙。」

但女兒卻拒絕了。

「木炭雖然不會燙，但會弄髒手和身體。」

接著，蘇珊娜緊緊地抱住女兒，對女兒說了以下這段話，她邊說邊哭。可以和孩子一起讀完這段話，把它抄寫下來，相信會對引導孩子採取正確的行為和態度有所幫助。

親愛的女兒，我要告訴妳，人生也是如此。

不正確的行為雖然不會立即讓我們受到傷害，卻會弄髒我們的身體和心靈。

聽完母親的這番話後，女兒才深刻反省檢討自己的錯誤。決定聽從母親的教誨，蛻變成為一位成熟的大人。

送給孩子的人生金句23

培養孩子正確心態的十句格言

一個人的核心競爭力，來自於正確的心念和態度，對人生的影響甚深。父母必須堅守正確的價值觀，孩子才不會受到動搖。

當受到外在世界動搖，內心動盪不安時，試著和孩子一起閱讀蘇珊娜的育兒守則，再把它抄寫下來，重拾內心的安定與平靜。這次，父母也可以一起抄寫。

1. 建立規律且有秩序的生活規範。
2. 培養孩子良善正直的品格，必須從小做起，改掉不好的習慣，建立良好的道德習慣。
3.養成早睡早起的習慣。
4.隨時謹言慎行，絕不口出惡言。
5.做不到的事情，別輕易承諾。
6.安排好每天在家學習的時間（寫功課和閱讀），按照表定時間進行。
7.說謊是不被允許的，勇於坦承錯誤才能獲得原諒。
8.不為了同一件事情懲罰或責備孩子兩次。
9.即使孩子無法完成你交辦的任務，也請溫柔地擁抱孩子，並耐心地教導他，適時給予鼓勵，協助他完成。
10.教孩子懂得尊重他人的物權，即使是再小的物品，只要是別人的東西，都不能任意拿取。

——蘇珊娜．衛斯理

父母的教育重點23

何謂生活教育？

有時候，父母自己也可能很難堅持前面抄寫的十項原則，甚至會找藉口逃避。這時候，一定要自我警惕告訴自己：「這是我和孩子約定好的事情。」父母務必要以身作則，給孩子良好的示範。最重要的原則是「即使會蒙受損失，答應的事情就一定要做到」，這正是生活教育的體現，讓孩子從父母身上，學習到正確的人生態度。世界知名作家羅伯特．弗利亨姆（Robert Lee Fulghum），曾說過以下這句話：

不要擔心孩子不聽話，你應該擔心的是，他總是在看著你。

世風日下，人心不古，但我們依舊要堅守自己的原則。即便是無心說出口的惡言或惡行，也都不能替自己找藉口，合理化自己的行為。不要因為沒人看到就覺得無所謂，因為自己其實都知道。

我們的所言所寫，反映我們的生活。所有孩子的問題，皆來自於父母。父母的思考方式、言行舉止，會影響孩子的人生。與其煩惱「要怎麼教孩子？」，應該把焦點擺在「我們如何思考？我們如何說話？」，因為孩子是看著父母長大的。

教孩子理解正確的「人脈」觀念

為了讓大家充分理解接下來要談的主題，這篇章節的內容我寫了很久。希望大家能細細閱讀，好好思考我所要表達的意思。

現今社會中，許多人汲汲營營於累積人脈。對此，我並不以為然。雖然人脈可以讓事情更快獲得解決，但人脈並非無往不利。況且，以上述的情況來看，人脈只不過是一張只能使用一次的「底牌」。

當一個人想爬到更高的位置，必須對成功擁有強烈的渴望，並且只想著自己的目標拚命努力。即使目標立意再良善，內心或多或少還是會有一些野心，但一個想往上爬、想賺更多錢的人，可想而知野心有多大？我這麼說的意思，並不是說這樣的野心是不好的。問題在於，有些人會為了自己的野心，踩著別人往上爬，把別人當成是人脈利用。這樣的人，光是跟他們見面聊天，就可以感覺得到。

「這個人的野心很大。」

不管臉上的笑容多和藹可親，依舊掩飾不了他內在的野心。然而，他的身邊總是不乏有人堅定不移的信任他，像貼身護衛一樣圍繞著他。這些人很尊敬他，也相信未來如果有需要幫忙時，他會是出手相助的貴人。但遺憾的是，他們只是在浪費自己寶貴的時間，無法從他身上獲得任何東西。

原因很簡單。和孩子一起閱讀並抄寫以下這句話，就可以理解原因。

野心會讓人迷失和衝動，像賽馬一樣只會拚命往前衝，因為看不見身邊的人，也就不懂得去幫助別人。

自己的事情，要自己完成，而不是只想著靠「人脈」。請不要忘了，自己擁有的力量，才是世界上最強大的力量。

送給孩子的人生金句 24

人生中真正重要的是什麼？

最近就連小學生，也會毫不避諱地直接聊起這樣的話題。

「你們家住在第幾棟？」

「我們家住在三〇五棟。」

「蛤，你們家才二十坪大而已喔？」

孩子們都知道誰家比較有錢、哪一棟坪數比較大、誰的父母比較有能力，孩子們是怎麼知道這些事的？當然是父母告訴他們的。有些父母可能會覺得很冤枉，認為自己「沒有跟孩子說這些事」。但不要忘了孩子有耳朵，即使父母沒有直接跟孩子說這些事，父母在聊天時，孩子也都在旁邊聽，也會從父母身上，學到做人處世的態度。

可怕的是，說這些話的孩子，長大後很有可能會變成前面所說的，「會利用人脈滿足自己野心」的人。當孩子習慣以家裡坪數大小、父母的職業……這些外在條件，當作是交朋友的標準，長大後認識新朋友時，也只會思考對方是不是對自己有幫助的人，把對方當人脈經營。

請和孩子一起將俄國最偉大的小說家托爾斯泰（Tolstoy）的這句話抄下來吧！

當一個人找到生命中真正重要的事，生活會變得很簡單。因為他們沒有時間去思考，那些對人生毫無意義的事情。

——托爾斯泰

當一個孩子認真看待自己的事情，他們就不會去利用身邊的人，也不會設法尋求別人的幫助，更不會刻意經營人脈。因為光是做好自己的事情，就夠他們忙了。

父母的教育重點 24

孩子最有力的人脈就是父母

父母是孩子第一個認識的人，孩子最有力的人脈，就是父母。因此，關於人脈這件事，父母應該從一開始，就必須灌輸給孩子正確的觀念。

動物生下寶寶後，會盡力照顧孩子。就算自己沒得吃，也會想盡辦法找食物餵飽孩子。但令人驚訝的是，當動物寶寶可以自行走路後，父母就會停止照顧孩子，讓動物寶寶們學會自己覓食，學習靠自己獨立生存的方法。簡單來說，就是讓孩子知道要生存只有靠自己，「自己的力量才是最強大的」。

讓孩子憑自己的力量，走出自己的路吧！只有靠自己走出來的路，孩子才能繼續堅持走下去。

即使是同一件商品，隨著販售地點和時間不同，價格可能會天差地遠。玩具也是一樣，在網路上賣五百元的玩具，在大賣場的售價會更貴。像是兒童樂園或是高速公路休息站，這些只要孩子一耍賴，爸媽通常會買單的地方，價格更是比網路商店高出兩倍，甚至三倍。這可以說是商人的一種行銷手段，專以無法控制購買慾望的孩子為目標客群。

「不急著現在買，媽媽等等再上網買。」

「我們今天先不買，明天去家裡附近的超市，買兩個同樣的玩具給你。」

即便告訴孩子會買兩個給他，孩子還是聽不進去。原因很簡單，因為孩子「現在」、「立刻」就想玩，一刻也等不及，不想等之後上網買或是回家再買。

您的孩子也會這樣嗎？會為了蒐集卡片，買了許多明明不愛吃的餅乾？或是為了怕「輸」，怕被同儕排擠，拚命蒐集全系列玩具？看到孩子這樣的行徑，不覺得跟沉迷於賭博的大人很像嗎？

這些人的共同點是，他們雖然看起來像是自己選擇這樣的生活方式，實際上只是「抗拒不了外在的誘惑，過著被生活所選擇的生活」。

・・・

每到新學期升班時，孩子們都會陷入這樣的煩惱：「新同學會喜歡我，選我當好朋友嗎？」小孩跟大人無異。大人每次換工作或調部門時，也都會煩惱：「怎樣才能獲得主管的賞識？」

從這點來看，大人跟孩子的煩惱其實是一樣的，都希望自己是「被選中」的那一個。只是，對孩子來說，他們在乎的是朋友。朋友在他們的生活中，佔據了很重要的地位。因此，他們會為了迎合朋友，勉強自己做不喜歡的事情，希望和朋友拉近距離。

讓孩子成為自己真正的主人

「被選擇」固然重要，但更重要的是，為自己的人生「做選擇」。因為能夠自己做選擇，就表示一切掌握在自己手上，擁有自己做主的決定權。然而，兩者相較之下，「被選擇」是容易的，「做選擇」是困難的。

人生中會面臨很多選擇，選學校、選工作、選朋友、選對象……人生可以說是由一連串的選擇所組成的。站在人生的交叉口，能夠選擇自己想要的人生，是一件幸福的事。因為選擇是改變的開始，代表能夠活出不同以往的人生。

古希臘哲學家柏拉圖（Plato）在《理想國》（*Politeia*）一書中，曾提到如何活出最精采的人生、怎麼選擇自己想要的生活。和孩子一起把他的話抄下來吧！

要活出最精彩的人生，必須要先認識自己。解開自己給自己的束縛，才能成為自己真正的主人。要掌握人生的主導權，也必須要學會克制自己的欲望，才能不被欲望所控制。

——柏拉圖

前面我之所以會提到買玩具這件事，也正是因為這個原因。當孩子無法抗拒誘惑，無法克制自己的欲望時，長大後只能過著「被選擇」的生活。

父母的教育重點 25

引導孩子做出正確選擇的提問法

教育最終的目的，是培養孩子「自我管理」和「自律」的能力。只有能夠控制自己的欲望，不被欲望支配的人，才能擁有真正的自主選擇權。所有的行銷手段，最終也都是希望獲得消費者的選擇。生活中能夠自己做出某些選擇，是遠比想像中來得重要的事，代表擁有自主選擇的能力。

當一個人無法自主選擇，就只能被動等待選擇。試著提供機會讓孩子練習「選擇」。當孩子做選擇時，父母可以在旁邊拋出以下問題，也可以讓孩子把問句抄下來，引導孩子做出對的選擇。

這真的是你想要的選擇嗎？

這個選擇可以讓你獲得什麼？

如果孩子對自己的選擇堅定不移，再讓孩子抄寫以下這句話，讓孩子知道做出選擇後，必須要為自己的選擇負責。

我可以選擇我想要的，但我也必須為自己所有的選擇負責任。

學會如何有效選擇固然重要，但最重要的是讓孩子理解，我們所做的每一個選擇，背後都會有相對應的代價。這樣孩子未來不管在哪裡，都能做出最好的選擇，獲得理想的結果。

面對新挑戰也不退縮的孩子

曾經認識一位友人，他從小在家境優渥的環境下長大。他的父母雖然學問不高，但因為繼承上一代留下來的豐厚祖產，不必辛苦賺錢，過著輕鬆收房租、扶養孩子長大的生活。然而，他卻被父母的一項錯誤觀念誤導。

「所有人的成功，都是靠運氣得來的。」

他的父母因為心地善良，廣受周遭好評，但他們只有一個問題，那就是：「不知道努力的意義」。因為繼承了許多財產，他們不需要也不必為了生活努力工作。不幸的是，他的兒子也繼承了父母的生活態度。即使兒子已經四十多歲了，到現在還是一事無成。就算經濟闊綽的父母，答應不管他想創業做什麼，都願意無條件支持。然而，過去十五年來，他什麼都沒有做，連開始都沒有，只會一味地找藉口替自己找台階下。

「經濟實在太不景氣了。」、「應該要再想想哪種行業可以賺比較多錢。」、「經營連鎖賣場賺不了什麼錢。」、「現在時機不對，隨時都有可能戰爭。」——過去十五年來，他只會替自己找各種「行不通的理由」。但沒有開始，不會知道結果如何。很多孩子害怕嘗試開始，換句話說，他們從來都不知道踏出第一步後的「結果」會是如何。要讓孩子了解開始的樂趣，必須讓孩子體認到「努力的重要」。因為看到別人成功時，唯有明白對方是「靠努力而非運氣」，才能找出對方的競爭力，發現他和自己的不同之處，套用在自己的生活中。要記得，完成夢想的人，他們從不害怕開始，而是不斷地努力前進。

送給孩子的人生金句 26

孩子，你一定做得到！

對孩子而言，很多事情都是第一次開始。新朋友、新老師、各式各樣的才藝課程，還有尚未完全理解的教科書內容……。如果希望孩子能抱持著愉快的心情，面對所有的新事物，創造出美好的結果，必須改變孩子對「跨出第一步」這件事的想法。倘若孩子無法把跨出第一步的「恐懼」轉換成「期待」，將來不管遇到任何新挑戰，可能都會讓孩子裹足不前。

深知「跨出第一步」有多重要的大文豪歌德，曾寫了簡短的一首詩，勉勵兒子把握時間、別浪費時間猶豫不決，傳達積極的人生觀。和孩子一起抄寫歌德的這首詩吧！

一小時有六十分鐘，
一天超過一千分鐘，
不要忘了，
任何事情，你都是做得到的！

——歌德

父母的教育重點
26

父母的說話習慣，能幫孩子跨出第一步

如果希望孩子凡事願意勇於嘗試，父母必須從說話習慣開始改變。父母在阻止孩子的錯誤行為時，必須讓孩子培養自我反省的習慣。當孩子做錯事時，父母說出口的話，決定孩子是否能自我反省。

父母應該直接告訴孩子行為上有哪些地方需要修正，而非責罵批評。例如，當孩子躲在房間偷打電動或看卡通時，與其對孩子說要沒收手機，不如換個方式，心平氣和地對孩子說：「我們可以約好一件事嗎？不要躲起來看手機，如果真的想看，先來跟我溝通，取得同意再看，可以做到嗎？」

孩子做錯事時，心裡其實已經預料到自己會被罵了，但這時候如果父母沒有罵他，反而靜下心來和孩子好好溝通，孩子會比較聽得進去父母說的話。當然，孩子也有可能會不遵守約定。儘管如此，父母還是必須跟孩子約法三章。所謂的信任，就是即使在無法信任的狀況下，依舊堅持相信，這是帶給孩子勇氣最好的方法。

如果不是直接糾正行為本身，孩子可能會心想：「真倒楣，居然被發現了，下次要小心點！」而不是真的把父母的話聽進去。這種謬誤的想法，長大也很難改變。在路上違規被攔下來時，反應也會如出一轍。就像大多數違規被攔下來的人，會心想「未免也太衰了吧！」，而不是先自我檢討。因此，當孩子犯錯時，建議最好能以耐心溝通代替責罵。

總歸一句，如果希望孩子無論遇到任何挑戰或困難，都能鼓起勇氣面對，父母也必須修正過去錯誤的說話習慣，一切才能重新開始。唯有如此，停下腳步躊躇不前的孩子，才能重新邁開步伐，勇於跨出第一步。

Chapter 5

心智鍛鍊

學以致用

幫孩子的天賦裝上翅膀

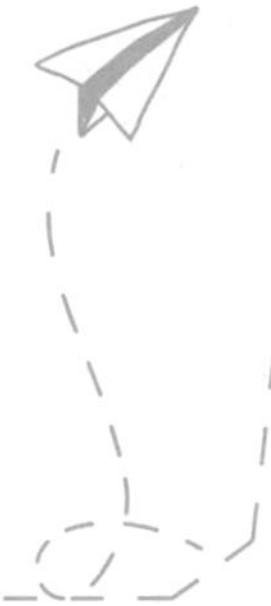

所謂的人文學，是想要深入了解學習本質的人，投入鑽研的一門學問。他們在學習的態度上會呈現三種特徵：

- 為了推翻世界認定的「事實」而學習。
- 「為什麼會出現這項定律？」、「為什麼會有這種思想？」為了探究內心的疑問，尋找答案而學習。
- 為了理解未知的事物而學習。

這樣的學習態度，值得效仿。因為學習並不是為了成為百科全書，單純累積知識而已。如果學習只是不斷擴充知識，那就跟沉迷於遊戲升級裝備的行徑並無兩異。單方面接收知識的學習方式，無法達到學習真正的目的。

從孔子、孟子、蘇格拉底、丁若鏞[6]這些偉大的思想家身上，可以學到他們「求知的精神」和「對事物獨到的見解」。但我們可能都只是學到皮毛而已，沒有學到真正的精髓所在。或許應該從「為什麼他們會成為偉大的思想家？」這樣的問題切入思考，從中探究答案，這才是正確的學習態度。唯有這樣，才能幫助孩子透過學習，替孩子的天賦裝上翅膀。

門下弟子三千的孔子，在傳授弟子學問時，秉持著兩項原則。

不憤不啟，不悱不發。[7]

[6] 丁若鏞（一七六二—一八三六），朝鮮王朝時期的哲學思想家，著有《經世遺表》、《牧民心書》等。

[7] 「不憤不啟。不悱不發。」，見於《論語·述而第七》。原文為：「子曰：『不憤不啟，不悱不發。舉一隅不以三隅反，則不復也。』」意思是：「不到學生努力想弄明白，但仍然想不透的程度時，先不要去開導他；不到學生心裡明白，卻又不能完善表達出來的程度時，也不要去啟發他。如果他不能舉一反三，就先不要往下進行了。」

原因很簡單。如果不是經過用心鑽研，努力嘗試表達出來自己理解的事物時，即使費盡心思教導，也只是枉費心力。當一個人自己先認真思考過，嘗試把自己理解的內容表達出來時，再從旁予以指導，才能真正幫助他成長。擁有學習的動機，才有學習的動力。

重要的是，比起教學者的指導，學習者本身必須具有強大的求知慾和積極學習的心態。每個孩子都有與生俱來的天賦，但因為沒有進一步挖掘，才會讓天賦無法得以發揮。

想幫孩子的天賦裝上翅膀，在日常生活中，盡可能讓孩子學會認真看待每一件事，用心去做每一件小事。倘若不這麼做，不管花再多時間，也無法讓天賦得以發揮。無論做任何事情，都必須抱持以下三種心態，請務必牢記在心，試著和孩子一起大聲唸出來吧！

1. 用心做好每一件小事

即使是微不足道的小事，如果用心去做，呈現出來的態度自然會與眾不同。當其他人都不當一回事，倘若有人認真看待這件事，用心去做時，會讓人忍不住對他另眼相看，也會漸漸對這個人有好感，得以施展長才的機會也會隨之而來。當身邊的機會越來越多時，透過這些機會，能讓天賦有得以發揮之處。

2. 即使是最可笑的表演，努力練習也能有所學習

偶爾在電視綜藝節目裡，會看到做出誇張的表情，跳著搞笑的舞蹈，逗觀眾笑得樂開懷的搞笑藝人。

試著想像畫面，認真思考以下問題：「即使是搞笑的舞蹈，也需要不斷練習嗎？」那些表情浮誇的搞笑藝人，他們在練習表演時，比任何人來得更認真。他們之所以能帶給觀眾歡笑和感動，是因為他們認真對待這件事。表演雖然搞笑，但他們努力的態度卻很誠懇，值得我們學習。

3. 盡最大的可能，展現最好的態度

這點是最重要的。我在著作《谷底盛開的花朵》、《儘管如此，我們是幸福的》

書中，曾提到居住在世界三大貧民窟——菲律賓湯都區的孩子，他們的生活艱困，忍受著常人無法想像的苦難。

住在湯都的孩子們，就算才剛學會走路，也必須自己去路邊翻找垃圾果腹。然而，儘管生活在這樣的環境，當他們去國際救援組織創辦的學校上學時，身上總是穿著洗過的乾淨衣服。當然，他們所謂乾淨的衣服，跟我們的認知還是有些差距。因為湯都這個地方缺水，孩子們只能用臉盆裝滿髒污的泥巴水，用手拚命搓洗衣物，等晾乾後再穿去上學。這就是他們的學習態度，不管做任何事情，都會盡自己最大的努力，呈現出最好的態度。從這點可以感受到他們難能可貴的心意，還有全力以赴的生活態度。孩子們即使在惡劣的環境裡長大，也依舊認真生活、認真學習。倘若這些孩子之後考上菲律賓最好的大學，也絲毫不令人意外。因為他們盡力做好每一件小事，重視日常生活中的微小細節，這就是最佳的生活態度。

送給孩子的人生金句27

啟發孩子天賦和優點的大師名言

朝鮮時代知名學者「栗谷李珥」，為了教導剛入門的弟子，親自編撰《擊蒙要訣》這本書。在書中，談及了學習者應抱持的態度：

要端正儀態涵養身心，沒有比「九容」更重要的原則；要透過學習增長智慧，沒有比「九思」更重要的原則。

了解何謂「九容」和「九思」是非常重要的，請逐句一一抄寫下來。在「九容」和「九思」中，所要傳達的人生態度，不只能啟發孩子的人生，更能引導孩子正確運用天賦。試著和孩子一起抄寫吧！

足容重，手容恭，目容端，
口容止，聲容靜，頭容直，
氣容肅，立容德，色容莊。❽
——《禮記・玉藻》

視思明，聽思聰，色思溫，
貌思恭，言思忠，事思敬，
疑思問，忿思難，見得思義。❾
——《論語・季氏十》

父母的教育重點 27

給孩子充足的「分心」時間

「不要分心！」

這是無論在家裡或在學校，父母和老師經常對孩子說的話。大人們總是希望孩子規規矩矩、按部就班照著指示做同樣的事。問題是，大人一方面希望孩子聽話照做，另一方面卻又期待孩子擁有「超乎常人的創造力」。明明要孩子照別人的想法

---

❽ 譯文為：舉手投足穩重恭順、眼神目不斜視、說話謹慎平和、昂首挺胸、呼吸均勻、站姿端正、表情莊重，是君子應有的九種外在姿容。

❾ 譯文為：不帶偏見、用心傾聽、溫和待人、恭敬謙虛、辦事慎重、說話真誠、不恥下問、克制忿怒、取之有道，是君子應有的九種內在素質。

做同樣的事，卻又希望孩子能出類拔萃？這樣會讓孩子不知所措。

在這裡，我想談談關於「分心」的重要性。孩子經常分心做的那些事，決定了孩子的未來。上課時經常把手放在抽屜裡東摸西摸的孩子，將來或許能夠發揮手作天分，動手做出創意小物；喜歡和朋友交頭接耳，愛講話的孩子，長大後可能很擅長溝通或演說。

小時候，我很愛寫東西。上課時，總愛拿紙東抄西寫。老師嚴肅的表情、一望無際的天空，映入眼簾的所有東西，都有各自的樣貌。我每天會仔細觀察這些物品的變化，把感受化成文字寫在紙上。長大後能夠成為一位作家，出了十幾本書，是因為從小就喜歡寫東西的習慣。

孩子們「分心」做別的事情，是非常正常的現象。重點在於父母是否能從旁協助引導，給孩子「充足的分心時間」，專注在他們想做的事情上。

藉由這個方式找到孩子的天賦，激發孩子的潛能，進而培養成「個人才能」。父母應時常留心觀察孩子分心時，主要在做哪些事情，適時地引導孩子，給予孩子建議，協助孩子走在正確的道路上。

我的母親知道我在上課喜歡分心寫字這件事後，從國小開始，就要我每天寫日記和寫詩。雖然日記是規定每天寫，詩可以自己決定要不要寫，但我還是選擇寫詩。只要一有空，不管在哪裡，都會拿出紙筆來寫詩。假如當時母親沒有這麼做，我可能就不是現在的我，或許就真的只是上課無聊隨便亂寫而已，日後根本不可能成為作家，也不會愛上寫作。

分心可以讓我們更了解自己，發現自己喜歡做的事、最喜歡在哪個地方做這件事、觀察自己的表情、察覺自己的感受，透過這樣的方式更貼近自己。不妨試著給孩子充足的分心時間，讓他們盡情做自己想做的事情吧！這麼做可以幫助孩子找到自己的夢想，同時也能找到未來的出路。

如何讓孩子熱愛學習？

出社會後，要學的東西很多，除了感興趣的事物外，還要學習工作上所需的專業知識。因此，必須額外擠出更多時間，趁晚上或清晨到補習班上課，藉此補足自己不足的地方。

這時候，我們往往後會心想：「要是當學生時有這麼用功，早就考上理想的大學了！」

為什麼出社會後，往往會後悔自己當學生時不夠用功？是因為年紀大懂事後，才知道讀書的重要嗎？答案因人而異。然而，經過長時間的觀察，我發現最重要的關鍵在於：「因為當學生時不用自己花錢讀書，出社會後卻要自己花錢學習。」

當然，學生時期讀書也要花錢，只是付錢的人是父母。父母花錢讓孩子念書，並告訴孩子：「你只要好好專心把書讀好就好。」如果孩子用功讀書，甚至還會給孩子零用錢，或買禮物獎勵他們。孩子幾乎可以說是不用花錢讀書，反過來還要給他錢拜託他念書，這是最大的差別所在。因為出社會後想學任何東西，都是基於主動意志，無論課程再貴，時間再緊湊，也都會拚命擠出金錢和時間，投入在自己想學的事情上。

世界上有兩種人，一種是「當伸手牌的被動學習者」，一種是「花錢投資自己的主動學習者」。如果希望孩子熱愛學習，明白學習的樂趣，就必須啟發孩子「主動學習」的意願，讓孩子拿回學習的主導權，而不是讓孩子覺得「讀書是為了爸媽」。唯有如此，他們才會認真看待學習這件事，才能真正沉浸在學習的快樂中。

送給孩子的人生金句 28

培養獨立思考並加以應用的能力

許多名人的父母們，教育子女都有一項共同點，那就是「讓孩子學會獨立思考」。讓孩子抄寫以下這段話後，開始試著自己去思考。當孩子擁有獨立思考的能力，就能堅定自己的立場，不輕易受外界影響。

我有自己獨特的想法，我的想法跟別人不一樣，更值得開心的是，我擁有表達自己想法的勇氣。

我是大自然的一部分，也是創造者，所有萬事萬物都來自於我。

我學到的所有知識，都是為了透過今天的實踐，淬鍊成智慧，幫助這世界變得更美好，比寶石更耀眼的，是我的想法。

能夠舉一反三、融會貫通的孩子，並不是因為他天賦異稟或是聰明過人，而是因為他熱愛自己所學的東西。當一個孩子熱愛自己所學時，會想要主動深入鑽研，甚至更進一步會想把自己學到的東西，運用在別的地方，自然就會學得更深更廣。

當然，要讓孩子愛上學習，並不是件容易的事。遇到困難時，請牢記以下這句話。

當伸手牌被動等待別人給答案的人，贏不過積極主動思考尋求答案的人。

試著把這句話抄下來吧！

接著和孩子一起討論，當伸手牌等待別人給答案，會對自己帶來什麼樣的負面影響？最好舉例說明給孩子聽。此外，也可以針對「主動思考」這件事和孩子聊聊，拋出問題問孩子，聽聽看孩子的想法。

父母的教育重點 28

讓孩子感受學習的樂趣

想激發孩子「主動學習」的意願，讓孩子感受到學習的樂趣，建議可以和孩子一起嘗試以下幾種方法。

1. 準備「學習存錢筒」

之所以取名為「學習存錢筒」，而非「讀書存錢筒」，是不想讓孩子對「讀書」這兩個字感到壓力。更重要的是，因為比起「讀書」，「學習」的概念更廣泛，不光只是念書吸取知識而已，而是能夠藉由學習累積更多豐富的經驗。要注意的一點是，存錢筒不用太大，要讓孩子可以看到日積月累的學習成果。針對這部分，會在接下來的第五點說明原因。

2. 一天只要十分鐘

不管學什麼都好，每天花十分鐘和孩子一起學習吧！事實上，親子共學並非易事。為了不讓孩子和父母彼此有壓力，一天只要十分鐘就好。這麼做的目的在於，讓孩子和父母一起感受學習的樂趣。要記得，無論學習任何東西，不要讓孩子覺得有壓力或是像在上課一樣。避免單向傳授知識的作法，注重互動學習，營造親子共學的樂趣。最重要的，就是要讓孩子樂在其中。孩子越開心，學得越好。

3. 重要的是持之以恆

每天持之以恆是很重要的事。唯有如此，才能讓孩子理解學無止境的道理。建議可以先從日常生活中，經常會接觸到的事情開始學習。像是可以問孩子：「為什麼下雪時心情會變好？」透過這樣的問題，引發孩子思考。孩子可能就會回答自己想到的各種答案：「因為可以打雪仗」、「因為不常下雪，所以下雪會覺得特別開心」……。父母只要負責問孩子問題，聽孩子回答就好，光是這麼做就能啟發孩子主動思考。假如和父母對話的過程中，孩子發現學到新東西時，可以投錢到學習存錢筒中。透過這種方式，讓孩子感受到學習的樂趣。

4. 學會自己找答案

孩子之所以會需要我們直接告訴他答案，是因為他們尚未具有自己領悟答案的能力，應該要讓孩子學會自己找答案，體驗到發現新事物的樂趣。當孩子憑著自己的力量找到答案時，可以在存錢筒投入比平常多兩倍的錢。這麼做可以讓孩子體會到自己找答案的成就感。自己找到的答案，不是來自書裡的想法，也不是眾所皆知的答案，而是透過自己思考領悟後得到的寶貴禮物。

5. 看見學習的價值

為什麼要用「學習存錢筒」幫助孩子學習？這麼做並不是為了讓孩子了解金錢的重要性，而是透過把錢投入存錢筒的過程，讓孩子明白學習必須要「有所付出」，進而看見學習的價值。每隔三個月可以把存錢筒打開，把這段期間存下來的錢，和孩子一起購買文具用品。也藉此讓孩子理解，學習是一條沒有終點的道路，學得越多，收穫越多，學到的所有東西都會再回到自己身上。

・・・

學習，不僅限於學習知識。學會愛自己，也是一種學習，培養出孩子「和自己獨處的能力」、懂得「如何與他人相處」，這些都是人生中需要學習的重要課題。

創造力來自於「信任自己的創意」

許多人很好奇，「為什麼韓國沒有自己的名牌？」是環境使然嗎？並不是。答案很簡單。因為不願意發揮自己的創意，只想花錢買別人的創意。

當一個人只想花錢買別人的創意，而不是自己嘗試努力創作，會逐漸失去創造力。即使運用同樣的素材，也無法打造出價格昂貴的名牌商品，因為不相信自己可以做得到。想要成為有創意的人，就必須培養美感鑑賞力，經常欣賞各種不同的「創作」。

創作，這個名詞源自法語中的「Objet」，泛指將物品賦予新生命的創意作品。將一些日常生活用品、大自然物品，或原本與藝術無關的物品，運用創意巧思，讓物品發揮新用途，這些都可以稱為是創作。無論是音樂創作、美術創作、建築創作，都囊括在其中。不過，要注意的是，欣賞這些創作時，不必急著找出它的特點，而是先欣賞它的全貌，再細細品味。但最重要的是，不要把創作這件事情想得太過困難，在欣賞創作的同時，要相信自己也能做得到，並開始著手練習創作。因為創造力來自於「信任自己的創意」。

創作是一種挑戰

很多父母認為，創意教育很難在家裡進行。但看完以下例子後，可能會有不同的想法。

蘋果（Apple）共同創辦人史蒂夫．沃茲尼克（Steve Wozniak），從小受父親影響，熱衷於科學研究，藉此啟發創意靈感；美國航太工業公司創辦人洛克希德（Lockheed），父親是一名工程師，下班後經常會和他一起研究各種電子產品，教他電子零件焊接原理；臉書（Facebook）創辦人馬克．祖克柏，他的父親是一位牙科醫師，從小就教他學習基礎程式語言；Google 共同創辦人賴利．佩吉（Larry

Page），父親為了帶他參加機器人學（將機器人運用在工業技術的學術研究）研討會，甚至不惜花十幾個小時的車程，開車往返接送；有真人版鋼鐵人之稱的特斯拉（Tesla）創辦人伊隆．馬斯克（Elon Musk），從小受工程師父親的啟發，十歲就擁有人生中的第一台電腦，從此愛上科學領域，開始投入研究。從這些例子可以看出，在家中也可以進行創意教育，由父母開始做起，引導孩子發揮創意。

創意是一項挑戰，過程中難免會遇到挫折，但父母可以透過以下這段話鼓勵孩子，不斷激發孩子的創意。

世界或許會教我什麼是失敗，
儘管如此，我仍會繼續挑戰。
即使面對一次又一次的失敗，我依舊會勇於挑戰。
因為沒有比挑戰不可能，更難能可貴的經驗。

父母的教育重點 29

創意教育從家庭做起

有些父母會把無法在家裡進行創意教育的原因，歸咎於環境和天賦。然而，當他們看完以下的故事後，或許會有所改觀。

披頭四（The Beatles）是引領時代潮流，締造樂壇傳說的樂團。主唱約翰・藍儂（John Lennon）和擔任作詞作曲的保羅・麥卡尼（Paul McCartney），是披頭四樂團的靈魂人物。當時，約翰・藍儂被各大音樂雜誌及音樂專家，公認為是世界第一的作曲家，排名第二的則是保羅・麥卡尼，兩個人皆是赫赫有名的創作人。

然而，他們的成長背景卻是南遠北轍。約翰・藍儂四歲時父母離異，從小被迫和阿姨生活。雖然阿姨和姨丈對他視如己出，但幼年時期沒有父母陪伴的他，心裡還是很難過，很想離開利物浦[10]這個傷心地。相反的，保羅・麥卡尼從小在幸福的家庭中長大，家庭氣氛和樂，家裡總是充斥著美妙的音樂聲。再加上父親熱愛爵士樂，也因此奠定了他的音樂基礎。

長大後，雖然生長背景環境不同，但兩人均成為了偉大的音樂家。由此可知，外在環境固然重要，但更重要的在於信心。

・・・

前面提到要培養創造力，要先具有美感鑑賞力，經常接觸欣賞創作，仔細品味觀察別人創作。如果父母擁有堅定的信心，相信在家也能進行創意教育。不妨讓孩子從欣賞創作開始練習吧！

以下將以音樂作品為例，藉由欣賞創作，培養創造力。這部分的練習很重要，建議仔細閱讀。

1. 讓孩子反覆聽到膩為止

讓孩子聆聽用各種不同的樂器演奏而成的歌曲，反覆播放同樣的音樂，直到孩子聽膩為止。過程中，不要做其他事情，讓孩子完全沉浸在音樂中，專注聆聽音樂。同樣的音樂至少重複聽七次以上，等聽膩後再進到下個階段。

2. 聽見音樂的細節

接下來，要讓孩子練習聽見音樂的細節。不是問孩子「有聽到鋼琴的聲音嗎？」，而是問孩子「鋼琴的聲音聽起來如何？」。讓孩子在聽音樂時，可以專注聆聽一種樂器的聲音。並不斷詢問孩子的意見，幫助孩子聽見音樂的細節，培養孩子「欣賞音樂」的耳朵。

3. 練習細細品味

熟悉這個過程後，可以試著問孩子「哪種樂器的聲音聽起來最好聽？」。這次

⑩ 利物浦（Liverpool），舊譯梨花埠，是英格蘭西北部著名港口城市，是約翰·藍儂從小長大的地方。

不侷限單一樂器的聲音，而是讓孩子重新細細品味這首歌曲，練習區分不同樂器的聲音，用心去感受。

4. 創造屬於自己的作品

最後，將這些元素重新組合，創造屬於自己的作品。可以問孩子「你想用哪些樂器進行創作？」，讓孩子開始嘗試自己創作音樂。創意可以說是元素的重新組合，透過欣賞別人的音樂創作，把這些元素一一拆解後，再重新組合創作成屬於自己的作品。

・・・

上述這些方法，可以運用在各種不同領域，無論是電影欣賞、戲劇欣賞或是藝術欣賞等。透過培養孩子的鑑賞力，才能激發孩子的創造力，這是啟發孩子創意最有效的方法。

父母的教育，決定孩子的教養

去電影院看電影時，意外發現沒禮貌的人很多。脫掉鞋子把腳放在前座、吃東西很大聲、喜歡交頭接耳……等。明明電影已經比原先表定時間晚十分鐘播出，總還是會有人遲到，遲到就算了，還大剌剌地直接從走道擠進來，根本不管是否會擋住別人，一副理所當然的樣子。也有人會在看電影時，旁若無人地拚命滑手機。

最大的問題點在於，這些人幾乎都是帶孩子一起來看電影的父母。孩子會學到什麼？令人難過的是，從這些孩子身上，可以看見父母的影子。在看電影的過程中，不是大聲喧嘩吵鬧，就是看到一半起來任意走動。孩子的這些行為，其實都是跟父母學的。

曾在電視上看到一位知名藝人，參加綜藝實境節目演出。節目中的他，帶著親切的微笑，到便利商店買東西。在鏡頭前的他，雖然是九十度彎腰鞠躬和大家打招呼，但他在櫃台付錢時，卻不是把錢遞給打工的學生，而是隨手扔在櫃台上。雖然表面上笑得和藹可親，卻不免讓人懷疑笑容的真實性。從生活中的一些小細節，可以看出一個人的修養。

每每看到這些情形，都會令人感到訝異。我想，或許很多人不知道自己有這些問題，或是刻意掩飾忽略。要改變這樣的狀況並不容易，因為一個人的修養，是由內而外自然流露出來的，是裝不出來的。身材不好可以穿衣服修飾，食物賣相不好可以靠包裝，但教養是一個人道德水準的外在體現，無論怎麼掩飾也藏不住。

送給孩子的人生金句 30

培養「好好說話」的習慣

從一個人的修養，大概可以看出這個人的層次高低。因為修養程度不同，決定了不同的人生境界。

當然，培養內在修養需要時間醞釀，不可能短時間速成。不過，還是可以透過說話練習，提升我們的心性涵養。一個人的言語會成為行為，行為會反映出修養。因此，平常說話時要特別注意用字遣詞，把好好說話當成是一種習慣。接下來，和孩子一起抄寫以下句子吧！

說話前，我會先考慮別人的感受再說，先三思而後言。

只說讓世界更美好的話，凡說出口的話，就能寫成文章。

哲學家蘇格拉底從未自己寫書留下著作，至聖先師孔子也是如此。然而，他們說過的話，卻被一一記錄成冊流傳後世。被尼采奉為圭臬並且讚譽有加的《歌德談話錄》（*Gespräche mit Goethe*），也一樣不是歌德親筆寫的書。在他們身上，唯一可以找到的共通點，就是他們說出口的話，都成了後世的「至理名言」。

弟子們深受這些智慧之語啟發，便自發性地把老師說過的話，用文字記錄下來，才會有這麼棒的書流傳下來。真正修養高的人，無論說什麼話，句裡行間都充滿了智慧，值得我們效仿學習。

父母的教育重點 30

承認自己的缺點

沒有人一開始就是完美的，前面提到的蘇格拉底、孔子、歌德也是如此。要提升修養，必須先了解自己有哪些缺點，才能做到改過遷善。歷史上知名的偉人們，也都會給自己時間反省檢討，察覺自己的缺點並加以改進。

不懂得檢討改進自己缺點的人，很可能會用虛假的謙虛、偽裝的正義、扭曲的愛情，試圖掩飾自己的所有陋習，到最後失去了自我，過著虛假的人生。

如果不希望孩子變成這樣，從現在起，和孩子一起練習找出自己的缺點，從說話的方式開始慢慢改變吧！雖然一開始不容易，但只要願意踏出第一步，終究會走到目的地。

培養出堅持到最後的孩子

股票投資失利導致破產、沉迷賭博債台高築，最終走上絕路、成績太差，想不開跳樓自殺——人們之所以沉迷於賭博，因為賭博可以立刻翻轉人生；之所以不願意花時間努力，是因為努力看不見立竿見影的成效。凡事求快的心態，會讓人失去努力的動力，或是變得容易自我放棄。這種急於求成的心態，如果不盡快導正，孩子長大後可能會變得短視近利，對無法立刻看到結果的事情，容易心生厭倦。

「想一次解決所有事情。」

「做事有始無終。」

「總是半途而廢。」

解決這些問題的最好方法，就是向大自然學習。大自然總是按部就班，從容自在地順應自然法則運作，絕對不會中途止步。因為順其自然是最快解決問題的方法，也是最好的方法。

送給孩子的人生金句 31

人生沒有不勞而獲的事情

螞蟻，是孩子們最喜歡、生活中也很常見的昆蟲。試著找機會在螞蟻經常出現的地方，和孩子一起好好觀察牠們。如果觀察老半天也看不出所以然，可以把餅乾弄碎引誘螞蟻。當孩子看到螞蟻們背著餅乾屑移動的樣子，會從螞蟻身上看見「勤奮努力」、「目標明確」、「互相合作」、「堅持不懈的精神」……。

螞蟻背著沉重的食物，按照既定的路線，井然有序地前進。即使走到一半累了，也會和別的螞蟻輪班或請求協助。但最重要的，牠們會堅持到最後，絕對不會停下來。讓孩子好好觀察螞蟻的習性後，再抄寫以下這段話。

當螞蟻發現死掉的昆蟲時，即使體積比自己大，也會先努力背著走。真的太累的時候，會請旁邊的夥伴協助。最重要的是，牠們無論如何都不會放棄，堅持不懈地背著食物，一步一腳印走到最終目的地。

未來有很多事情等著我完成。

將來不管做任何事都要記得，人生沒有不勞而獲的事，也沒有一步登天的捷徑，一旦開始，就必須堅持到底，最後獲得的成果，才更顯得彌足珍貴。

父母的教育重點 31

理解有始有終的重要性

雖然大人也會如此，但孩子的天性使然，容易半途而廢。因為孩子對任何事都充滿好奇心，注意力不易集中。父母必須從小引導孩子，因為一旦養成習慣，長大後也會如此，甚至會影響思考方式和說話習慣。

即使是初次見面的人，只要聊上十分鐘，我大概就能猜出這個人過去十年的生活方式。從他的談吐舉止，就可以看出他是抱著什麼樣的心態過生活。當一個人散發出「這個人做事不夠堅持」的氣質，這樣的人出社會工作也會很辛苦。因為抱著這種心態工作，既得不到賞識，也不容易獲得升遷。

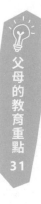

試著在日常生活中引導孩子的心態，讓孩子明白做事有始有終的重要性。結果如何並不重要，重要的是要貫徹始終，即使過程跌跌撞撞，都是成長的軌跡。當孩子真正理解後，相信將來無論做任何事，都會堅持到底、全力以赴。

提升學習意志力的教育方法

我唯一知道的一件事，就是我一無所知。

這是蘇格拉底的名言。想要徹底理解蘇格拉底的哲學思想，必須針對深入思考言語中蘊含的智慧。

某日，蘇格拉底的好友來家裡拜訪，但蘇格拉底的太太卻不知為何顯得面有慍色。

「為什麼太太會不開心呢？」

蘇格拉底怎麼想也想不透，不理解太太生氣的原因。於是，他決定先冷處理，繼續和朋友聊天。但太太的怒氣，並沒有隨著時間而淡化。她故意在旁邊走來走去，發出各種聲音刷存在感，想讓蘇格拉底知道她在生氣。不過，蘇格拉底卻沒把這件事放在心上，反而裝作若無其事，跟朋友聊得更熱絡。

這時，太太突然提著一個水桶走進客廳，直接把整桶水倒在他頭上。目睹這一切的朋友，表情既錯愕又尷尬，蘇格拉底卻默默拿起毛巾擦拭，神情自若地對朋友說：「沒事，不用太驚訝。打雷後必有大雨，這是不變的自然法則。」

朋友聽他說完這句話，忍不住哈哈大笑、拍手叫好。

・・・

從這件事中，我們看見了什麼？無論學習任何事物，必須擁有「想要戰勝環境的堅強意志力」，如果缺乏意志力，會讓人在面對逆境時失去方向。蘇格拉底即使面對最糟的情況，在朋友面前醜態盡出，也沒有因此生氣或感到羞愧，而是選擇以

「學習」的角度看這件事，專注在當下，積極正面思考。我們所經歷的每一件事，都有值得學習的地方，端看我們用怎樣的角度看待這件事。蘇格拉底的故事，為我們做了最好的示範。

送給孩子的人生金句 32

人為什麼要學習？

想要提升學習意志力，該怎麼做？必須先清楚知道「為什麼要學習？」，這是自主學習的開始，也是替自己奠定明確的目標。然而，多數的孩子們因為在現實生活中，經歷過太多負面經驗，因而排斥學習。

蘇格拉底雖然是一位偉大的哲學家，但他並非出生在優渥的家庭。父親是石雕師傅，母親是助產士，再加上老婆是出了名的悍妻，經常在眾人面前給他難堪。換作是一般人，根本難以承受這樣的生活。但他卻不受環境影響，而是抱著學習的心態，優雅地面對生活中所有狀況。

無論遇到任何事，先思考從這件事中能夠學習到什麼，這才是最重要的。和孩子一起抄寫以下這段話吧！

一念天堂，一念地獄，善念身處天堂，惡念身處地獄。

當置身在地獄時，自然會遇到像惡魔一樣的人。

那是再理所當然不過的事了。

我們不一定能夠改變身處的環境，但我們能夠選擇創造

不一樣的環境，這就是為什麼人需要學習。

父母的教育重點32

樹立孩子正確的學習觀

在網路上搜尋，可以找到各種提升學習意志力的文章。但問題在於，這些文章大部分都是採取激將法，用刺激自尊心的方式激勵孩子。然而，「激將法」可以是良藥，也可以是毒藥。因為若是運用失當，一不小心反而會弄巧成拙。因此，真正應該改變的其實是「態度」，而非用激將法策略。

閱讀也一樣。閱讀是學習的根本，不讀書就無法學習。雖然很多人都知道閱讀的重要性，但我認為還是不夠，必須徹底改變閱讀的態度。

很多人會問我這樣的問題：「可以幫我挑一本適合放假看的書嗎？」、「如果要挑一本最棒的書，你認為是哪一本？」

我通常會想：「難道放假時一天只吃一餐嗎？明明一天吃三餐，為什麼挑書卻只挑一本？」

當然，閱讀跟吃飯不能相提並論，也明白想挑一本最好的書背後的美意。但提問的方向本身有誤，不是不能這樣問，而是不應該這麼問。要記得，食物是身體的糧食，書本是內心的糧食。即使是山珍海味，也不可能吃一餐就能飽足一輩子。就像一天要吃三餐填飽肚子，也要養成固定閱讀的習慣滋養心靈，這是把心照顧好最基本的方法。

當我們對於「為什麼要學習？」這件事，抱持正確的心態，才能樹立正確的學習觀，對閱讀這件事有正確的理解和認知。若能體認到蘇格拉底說自己「一無所知」背後的涵義，便能保持虛懷若谷的心態，對世界求知若渴，對未知的領域充滿學習的熱情。

增強孩子自尊心的人文學

當孩子考試成績名列前茅時，父母也會笑得合不攏嘴。

「哇！你這次英語考一百分耶，我們家寶貝真厲害！」

成績固然重要，但要增強孩子的自尊心，焦點不應該擺在追求別人眼裡的優越，而是激發內在對自己的肯定和信心。例如，比起英語考試全校排名第十名，更重要的是能在許多人聚在一起的場合，擔任統整大家意見的領導者；或是親身實踐書上學到的知識，這些都需要內在強大的力量，才能讓孩子的潛能得以發揮。父母所要扮演的角色，就是發現孩子內在的力量，不斷鼓勵孩子。

「父母怎樣看待孩子，孩子就會成為怎樣的人。」

當父母拿孩子跟別人比較時，孩子會活在競爭中；當父母把孩子視為獨立個體看待時，孩子才能走出自己的路。因為不和別人比較，才能活出自己。當孩子活出自己，自然就能擁有強大的自尊心，也會肯定自己的存在。

以下這句話，是德國作家赫曼．赫塞（Hermann Hesse）在著作《徬徨少年時》（*Demian*）書中曾說過的話，請父母讀完後，好好思考這句話背後的意義，並讓孩子把這句話抄下來吧！

> 一隻鳥出生前，蛋就是他整個世界，
> 他得先毀壞了那個世界，才能成為一隻鳥。
>
> ——赫曼．赫塞

這句話相信大家並不陌生，而整句話的核心重點在於「如何才能成為一隻鳥？」」。如果一隻鳥沒有掙開蛋殼，就永遠只能是一顆蛋，但當牠最後終於破殼而出，才能蛻變成為全新的自己。

孩子的成長也是如此。每個階段都必須突破限制住自己的框架，才能成為更好的自己。要突破自我最大的內在力量，來自於對自己的信心。因為當孩子能夠信任自己的想法，堅定不移地把信念落實在生活中，自然有足夠的力量打破所有框架。

送給孩子的人生金句 33

培養強大堅定的內在力量

父母看到孩子獨自玩耍時，總會忍不住擔心：「這孩子是不是太孤僻了？」其實，完全不需要擔心這件事，反而要讓孩子習慣獨玩。

喜歡自己跟自己玩的孩子，他們並不脆弱，而是擁有強大的內在。但這麼說，並不是要孩子只跟自己玩就好，孩子當然也需要學會和別人相處。

請把以下這段話銘記在心。

無論孩子是獨玩，還是跟別人一起玩，都必須讓孩子遵守一致的原則。

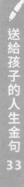

和別人一起玩時，學習到的生活態度，在獨玩時也能秉持同樣的準則。

除了跟別人玩，孩子也要懂得自己玩，才能鍛鍊孩子強大的自尊心，從內建立不受動搖的信念，走出屬於自己的路。

必須要區分清楚「自信心」和「自尊心」的差異。很多人認為，兩者的意思很接近，但本質上的意義卻截然不同。自信心容易受外在影響而動搖。例如，被人稱讚時，會感到自信滿滿；被人指責時，信心立刻大受打擊。外在的成就表現與他人的讚美鼓勵，會造成自信心的起伏不定，但影響自尊心的高低卻是由自己決定。也就是說，自信心來自外界的肯定，自尊心則是自我內在的肯定，是一個人生存的價值，不受外在影響改變。

想要增強孩子自尊心，而非自信心，試著讓孩子抄寫以下這段話吧！

只有當我自己能夠堅定不移地站著，我才能握住別人的手，而握著他們的手感受到的溫度，會一直留在心中，即使獨處時也能感受到這份溫暖。

父母的教育重點 33

摧毀孩子自尊心，只要一句話

一個孩子為了爬到比自己稍微矮一點的石頭上，在腳底下墊了幾顆小石頭和樹枝。搬了一顆又一顆的石頭，小心翼翼地慢慢堆疊。雖然拚命努力想辦法，卻總是失敗，常常只差那麼一點點就成功。

儘管如此，他依舊沒有放棄，歷經無數次的努力，他終於爬上去了！

「耶！我成功了！」

孩子的爸媽在這時候出現了。孩子臉上的表情雀躍不已，但爸媽卻垮著一張臉嚴肅地對孩子說：「太危險了！你爬這麼高幹嘛？給我下來！」

許多父母一方面希望培養孩子的自尊心，但摧毀孩子自尊心的，往往是父母無心的一句話。應該先鼓勵孩子努力爬上去的過程，而不是急著責備孩子爬上去太危險這件事。比起結果，過程才是需要關注的。看到孩子想盡辦法，在腳底下堆疊了一顆又一顆的石頭，嘗試了一次又一次，才終於成功爬到石頭上。當父母能夠看到孩子在過程中的努力，並適時鼓勵孩子，孩子才會感受到過程的美好，體會到努力付出的成就。自尊心不是靠口頭教來的，而是讓孩子親身體驗感受到，才能真正有所體悟。

但自尊心強的孩子，習慣以自己的想法、感受和原則為主。因此，無論是獨玩或是和別人一起玩，都要讓孩子遵守一定的規則。讓孩子除了在乎自己的想法和感受，同時也能透過和別人一起玩的過程中，學習如何與人相處，秉持正確的態度，接納他人的意見。這樣一來，孩子才能真正有所學習成長，擁有強大的內在力量。

用零食培養翻轉孩子人生的自制力

世界上有許多會讓孩子沉迷的事物，像是電玩、零食、電視……等。當孩子沉迷於某件事，會投入很多金錢在上面，因此也成了企業關注的商機，想盡辦法只為了「讓孩子陷入沉迷」。雖然政府可以設定各種規範，要求企業遵守最低道德標準，但這畢竟不是我們可以掌控的。在這個可怕的現實社會中，許多人只考慮到自己的利益，沒有顧及到別人。因此，必須培養孩子的自制力，讓孩子學會保護自己。即使父母不在身邊，也能意志堅定，不受任何誘惑影響，知道自己該怎麼做。

談到「自制力」，不得不提到以自律聞名的大師——康德。提到他，就會想到他固定每天下午三點散步這件事。康德為什麼要散步呢？

‧‧‧

所有的行為，背後都有原因。想了解康德為什麼這麼有才華，可以從他經常重複做的事情探究原因。康德最常做的事情是散步，散步可能是為了健康、沉思和觀察。但我卻發現，核心關鍵都圍繞著一件事。

那就是「自制力」。

為了培養自制力，康德養成固定散步的習慣，藉此讓生活變得規律。甚至只要看到他在散步，就可以知道現在幾點，他就像時鐘一樣準時。然而，自制力這件事說起來簡單，要真正做到卻不容易。例如，明明只要早二十分鐘出門，就不用急急忙忙趕上班，卻敵不過想再多睡一會的念頭，只好一再重複著匆忙的通勤生活。因此，培養自制力需要強大的意志力。

從現在起，試著培養孩子的自制力吧！先從孩子最容易沉迷的「零食」開始練習。教養孩子最困難的一件事，就是要孩子能夠自己主動遠離各種糖果餅乾、可樂汽水、路邊攤小吃……等誘惑。但正因為不容易，才能讓孩子真正澈底改變。當他們知道如何擺脫這些誘惑，就能不受誘惑所控制，獲得真正的自由。建議可以透過以下方法，教孩子培養自制力。

1. 規定數量

當孩子吵著要吃零食，告訴孩子：「好，那給你五塊餅乾（數量可自行調整，但最好不要超過十個）。」接著，把餅乾放在小盤子裡，盡量準備大小適中的盤子，因為盤子太大，餅乾看起來會很少。此外，記得一開始不要給太多餅乾，規定好一定的數量再給。

2. 不落入比較

孩子上幼稚園後，免不了會遇到同儕間互相比較的問題。可能會拿朋友當藉口抱怨說：「為什麼別人都可以吃很多餅乾？我卻不行？我也想跟他們一樣。」這時候，只要輕描淡寫地說：「好啊！那這次特別加碼，給你七塊餅乾，幸運數字七，如何？很多了吧？」然後再把餅乾放到盤子。有時候會需要視狀況多給孩子一些餅乾，因此前面才會提到，最好一開始不要給太多餅乾。

3. 養成習慣

用餅乾培養自制力，聽起來會讓人覺得只是在跟孩子鬧著玩，也會忍不住思考：「這種方法真的有效嗎？」但習慣是很可怕的，一直以來只拿五塊餅乾的孩子，突然給他七塊餅乾時，他會覺得這樣很多。重點是必須持續，堅持每次只給五塊餅乾，不能受心情影響就破壞原則。當父母破壞原則，孩子也會跟著受影響。

4. 給孩子袋裝餅乾

盒裝餅乾因為分量多，熱量也比較高。通常盒裝餅乾包裝精美，價格昂貴，會誤以為是高檔零食就讓孩子多吃一些。但不管怎樣，零食能夠少吃就盡量少吃，沒有一種零食對身體是有益的。給孩子零食時，建議給孩子小包裝的袋裝餅乾。不要忘了，讓孩子吃零食的初衷，是希望藉由這個方式培養孩子的自制力。

・・・

不斷重複練習以上幾項方法，孩子會開始懂得節制。最重要的，不只是節制零食這件事，也能進而將自制力發揮在其他地方上。不會把時間浪費在無意義的地方，也不會沉迷於電玩，懂得為自己負責任。

堅持自律才能有所收穫

康德之所以能夠成為偉大的哲學家，關鍵原因在於他強大的自制力。他藉由培養固定散步的習慣，鍛鍊自己的自律能力。正因為保持高度自律，為成功奠定穩固的基礎。

如果希望培養孩子自律的能力，試著抄寫以下這段話吧！

由於這次要抄寫的句子比較長，內容也稍微艱深難懂。可以帶著孩子一起抄寫，父母也必須以身作則，才能讓孩子體會真正的涵義。

即使憤怒難耐，也要保持微笑；即使內心激動，也要保持優雅；即使面對誘惑，依舊不為所動。

無論外在環境如何變化，都要堅持自律。

唯有挺過寒冬，才能迎來春天；唯有歷經風雨，才能看見彩虹。

唯有堅持自律，才能有所收穫。

父母的教育重點 34

自律教育，從父母做起

從許多案例和研究結果來看，懂得自律的孩子，將來成就較高。然而，為何無法落實自律教育呢？

答案很簡單，因為父母無法以身作則，在孩子面前展現自律的生活態度。無論教孩子任何事情，父母都必須以身教示範。用餅乾培養孩子自律能力，關鍵也是取決於父母的態度。

千萬別讓孩子說出「為什麼媽媽自己可以吃一整包餅乾，我卻只能吃五個？」這樣的話。父母是孩子的學習榜樣，如果父母自己也愛吃零食，孩子很難不碰零食。因為家裡零食隨手可得，孩子當然難以抵擋零食的誘惑。父母一直在旁邊吃零食，孩子會變得更難克制自己，不要讓孩子這麼辛苦。

這次，換父母抄寫以下句子，並試著唸出聲音來吧！

如果我不能控制情緒，憤怒會吞噬掉自己；如果我不能控制飲食，承受的後果是變胖；如果我不能克制沉迷，我所沉迷的事物會將我摧毀。

如果我不能自律，孩子也不可能自律。

沒有自律的父母，就沒有自律的孩子。

想要把自律教育做得更好，可以花一些時間和孩子討論「富有」的定義。或者和孩子討論「什麼是節儉？」，聽完孩子的想法後，再告訴孩子為什麼節儉是美德：節儉之所以是一種美德，並不只是因為懂得珍惜財富，而是因為雖然自己省吃儉用，卻願意慷慨幫助貧窮的人。當節儉是為了幫助更多的人時，節儉會讓人變得耀眼。

財富容易讓人失去自制力，但明白節儉是美德的孩子則不同。因為他們知道該怎麼做，才能讓自己成為世界上最耀眼的人。

什麼才是真正的「做自己」？

一對父母帶著年約五歲的小女孩在公園盪鞦韆。旁邊站了一個小學生，一直看著他們玩，眼神裡透露出「我也好想玩」的訊息，但那對父母和孩子完全無動於衷，像是沒看見一樣。孩子開心地盪著鞦韆，父母忙著替孩子拍照。就這樣過了十分鐘，站在旁邊的小學生終於開口問道：「我也想玩盪鞦韆，什麼時候可以換我？」但孩子只是笑著，什麼話也沒說。

這時候，父母才開口問孩子：「這個姐姐也想玩盪鞦韆，妳還要玩嗎？」小女孩回答她還想玩。小姐姐不死心，繼續央求小女孩：「我等一下要去補習班上課，可以讓我玩一下下就好嗎？」

然而，父母這次還是用一樣的問法。

「姐姐也想玩盪鞦韆，妳還要繼續玩嗎？」

小女孩的答案依舊不變。

小姐姐就這樣站在旁邊，等了將近三十分鐘，最後還是沒玩到盪鞦韆，神情落寞地離開了。

⋯

看到這一幕的我，忍不住思考一件事。

「這真的是所謂的讓孩子做自己嗎？」

或許有些父母會認為，讓孩子做自己，就是讓他們可以充分表達自己的想法，不被他人的意見左右。孩子懂得坦然表達自己的想法，當然是一件好事。

不過，如果孩子因此變得「目中無人」或是「自視甚高」，將來出社會後可能會很辛苦。當一個孩子太過自我中心，長大後很難跟朋友、同事相處，甚至無法融入團體生活。遇到困難時，可能也不懂得向別人求助，更不知道該如何求助。聽不進別人的意見，溝通上也會出現問題。因為不理解別人的想法，只活在自己的世界中。

送給孩子的人生金句 35

愛人如愛己

那對幫孩子推鞦韆的父母，他們的誤解在於「問錯問題」，問了一個讓孩子無法從鞦韆上下來的問題。「還要繼續玩嗎？」的意思，代表百分之百聽從孩子的意見，如果孩子還想玩，就讓他繼續玩——但除非有其他更好玩的事情，否則孩子通常都會選擇繼續玩。

在這樣的情況下，不應該問孩子「還要繼續玩嗎？」，而是要提醒孩子：「姐姐等一下要趕去補習班上課，我們先去玩別的，讓姐姐玩一下好嗎？」適時引導孩子暫時先放下自己的需求，把盪鞦韆讓給姐姐玩。問不一樣的問題，孩子可能也會做出不同的選擇，這也是讓孩子學習自律和禮讓的機會。

當然，孩子可能也會拒絕：「不要！我還想再玩！」想要循循善誘引導孩子，可以讓孩子閱讀以下這段話，並把它抄寫下來。

我的時間很寶貴，別人的時間也一樣寶貴。
當我樂在其中玩得很開心時，也要考慮到別人是否也想玩，應該要懂得禮讓別人。
因為換做是我站在旁邊，我也希望別人願意讓我玩。

父母的教育重點35

用堅強的內在力量擁抱自己與他人

真正擁有高自尊的人，懂得體貼關心別人，是內在強大的人。而總是看起來高高在上，不把別人的意見當一回事的人，很可能反而有個脆弱的內心。高自尊的人，懂得尊重自己，也懂得尊重別人，會將心比心傾聽別人的意見，只有高自尊的人才做得到，並且顯得從容自在。

不要總想著贏，而是要想著如何跟別人一起合作。當孩子能夠放下競爭意識，與人相處融洽，才能培養出健康的自尊。因為健康的自尊是懂得愛自己，也懂得愛他人。

後記

父母愛孩子的心，就是最好的教育

每天晚上睡覺前，小女孩總是會輕敲父親書房的門，只為了跟父親道聲晚安。小女孩今天的睡衣特別可愛，說完「爸爸，晚安！」後，滿心期待父親能夠跟她說幾句話。然而，父親並沒有回頭看女兒，只是揮了揮手，敷衍地說了聲「晚安！」。小女孩神情落寞地回房間，心裡想著：「唉，今天也是一樣……」幾十年過後，女兒因病逝世，獨留父親一人在世。父親才開始後悔，自己過去從未好好看過女兒的臉，為此寫了封信給女兒。

「爸爸讀了妳接受採訪時的報導，妳說兒時的妳，很希望獲得爸爸的愛。小時候，每次妳來書房找我時，爸爸因為擔心寫作寫到一半靈感被打斷，所以從來沒有轉身看看妳，我想請妳原諒爸爸的貧窮和忙碌。當時的我，愚蠢地相信著，比起給妳一個微不足道的晚安吻，買一台好的鋼琴給妳，或是開名貴的車載妳去私立學校上學，才是爸爸可以給妳的幸福。

「但直到現在我才發現，並不是我表達愛的方式不同，而是我根本不懂得什麼是愛。如果時間可以倒轉，我想回到那個時候。雖然我可能還是會像那時候一樣，待在書房寫作，但是當妳穿著媽媽買給妳的白色蕾絲睡衣，跑來敲我書房的門，大聲對我說『爸爸，晚安！』時，爸爸跟妳打勾勾，這次我會毫不猶豫地起身，放下手上的筆，闔上書本，張開雙手給妳一個大大的擁抱。我會把妳抱起來，舉得高高的，親吻妳的眼睛，親吻妳的臉頰，對妳說聲『晚安！我的寶貝』。我，真的很想念妳。」

上述這位父親，正是韓國知識份子代表——李御寧⑪博士，女兒是幾年前因病逝世的李敏雅教授。李敏雅教授雖然長大後也一樣成就非凡，但在李御寧博士的心中，卻有著很深的遺憾，後悔自己沒能好好地表達父親對孩子的愛。或許是因為這樣，每次見到博士時，都能感受到他內心的悲傷。沒能傳達出去的愛，在他的心中留下無比的悔憾。

．．．

約翰．史都華．彌爾、大文豪歌德，還有蒙田等許多偉大的名人，他們的共同點是從小受到父母良好的教育。雖然也有人批評他們的父母，過度干預孩子，但換個角度思考，他們的父母沒有錯過陪伴孩子成長的「黃金時間」。在孩子需要陪伴的時候，陪在孩子身邊；在孩子需要有人聽他說話時，聽他們說話；在孩子遇到問題時，適時在旁邊提點，幫助他們找到答案。為了陪伴孩子，毅然決然放棄原本的工作，盡可能努力做到盡善盡美。他們為孩子所做的一切，並不是因為他們有錢，而是出於一顆「愛孩子的心」。

當然，在職場獲得肯定，在工作領域上發揮所長也很重要。也有許多人是為了養家餬口，不得不辛苦工作賺錢。我想表達的，並不是要父母辭掉工作在家專心照顧孩子，而是無論工作再有成就，如果沒有花時間好好陪伴孩子，當孩子長大後，可能會感到後悔。若是將來不想留下遺憾，現在應該多花時間陪伴孩子，即使能夠陪伴孩子的時間不多，也要讓孩子知道你有多愛他們。孩子一定會感受到你的努力，以及你對他們的愛。

父母覺得麻煩的那些事：煮副食品、幫孩子換尿布，最長不過三年；陪剛上小學的孩子一起走路上學，最長不過兩年；孩子圍著你一直問問題的時期，最長也不

⓫ 李御寧（一九三四—），出生於韓國忠清南道，韓國知名文學博士。曾策劃首爾奧運開閉幕儀式、出任韓國第一任文化部長。

過五年。然而，倘若沒有好好陪伴孩子走過這些時間，伴隨而來的自責和悔憾，會一輩子跟著你。

對孩子而言，父母能夠在他們需要的時候，陪他們一起走路上學、一起吃飯、回答他們的問題，就是最好的教育。

要成為這樣的父母，必須從日常生活開始改變。很多父母被問到「放假時做了什麼活動呢？」，他們往往會回答：「什麼也沒做，就只是陪孩子玩而已。」我卻認為這是相當深愛孩子的父母，他們將假日時光都用來陪伴孩子，這絕對不是「什麼都沒做」，因為陪孩子一起玩，和他們一起度過美好的時間，就是最棒的事情。

這就是關鍵之處，因為想法會化成語言，必須從想法本身修正。唯有如此，父母才會明白陪伴孩子是多麼美好的事情，用充滿愛的眼神看著孩子，陪孩子聊天。最後，讀完以下這句話，並把它抄寫下來，要記得對孩子而言，最好的教育就是「父母的愛」。

時間不停地走，一刻也不停留。
孩子的黃金時間，也一樣稍縱即逝。
正因如此，要好好珍惜陪伴孩子成長的黃金時間。

family field
親子田 親子田系列 041

一天一篇人文閱讀，養出心智強大的孩子

每天十分鐘，在家就能學素養

아이를 위한 하루 한 줄 인문학

作　　者　金鍾沅
譯　　者　鄭筱穎
總 編 輯　何玉美
責任編輯　洪尚鈴
封面設計　楊雅屏
內頁排版　JGD

出版發行　采實文化事業股份有限公司
行銷企劃　陳佩宜・黃于庭・馮羿勳・蔡雨庭・陳豫萱
業務發行　張世明・林踏欣・林坤蓉・王貞玉・張惠屏
國際版權　王俐雯・林冠妤
印務採購　曾玉霞
會計行政　王雅蕙・李韶婉・簡佩鈺
法律顧問　第一國際法律事務所　余淑杏律師
電子信箱　acme@acmebook.com.tw
采實官網　www.acmebook.com.tw
采實臉書　www.facebook.com/acmebook01

I S B N　978-986-507-235-3
定　　價　420 元
初版一刷　2021 年 1 月
劃撥帳號　50148859
劃撥戶名　采實文化事業股份有限公司
104 台北市中山區南京東路二段 95 號 9 樓
電話：(02)2511-9798　傳真：(02)2571-3298

國家圖書館出版品預行編目資料

一天一篇人文閱讀，養出心智強大的孩子：每天十分鐘，在家就能學素養 / 金鍾沅著；鄭筱穎譯 . -- 初版 . -- 台北市：采實文化事業股份有限公司，2021.01 ; 368 面；14.8x21 公分 . -- (親子田系列；41)
譯自：아이를 위한 하루 한 줄 인문학 : 내면의 힘이 탄탄한 아이를 만드는 인생 문장 100

ISBN 978-986-507-235-3(平裝)

1. 親職教育 2. 人文素養 3. 閱讀
783.18　　109016391

family field
親子田

為了讓爸媽與孩子更能深刻體會本書內容，歡迎利用這本筆記書，透過一天一則「人生金句」的抄寫，在書寫中感受文字的力量，品味親子的靜心時光。

內頁介紹

每日抄寫筆記

・根據以下三步驟，帶著孩子充分體會「人生金句」的意涵：

STEP 1 **把句子大聲唸出來**

STEP 2 **把句子抄寫下來**

STEP 3 **親子一起討論句子內容，分享心得**

每週自我評價

・寫下本週目標。

・檢視是否每天都有完成抄寫練習？

・抄寫過程中獲得的體悟，是否已付諸行動落實在生活中？

我的成長紀錄

・和孩子一起進行抄寫練習後，有什麼改變與收穫？

・透過這趟兩週自我探索之旅，有沒有更了解自己是什麼樣的人呢？和孩子分享心得和體悟。

孩子的每日抄寫

Day 1

抄寫心得

Day 1

父母的每日抄寫

抄寫心得

孩子的每日抄寫

Day 2

抄寫心得

Day 2

父母的每日抄寫

抄寫心得

孩子的每日抄寫

Day 3

抄寫心得

Day 3

父母的每日抄寫

抄寫心得

孩子的每日抄寫

Day 4

抄寫心得

Day 4

父母的每日抄寫

抄寫心得

孩子的每日抄寫

Day 5

抄寫心得

Day 5

父母的每日抄寫

抄寫心得

孩子的每日抄寫

Day 6

抄寫心得

Day 6

父母的每日抄寫

抄寫心得

孩子的每日抄寫

Day 7

抄寫心得

Day 7

父母的每日抄寫

抄寫心得

孩子的 自我評價時間	本週目標

Day 1

Day 2

Day 3

Day 4

Day 5

Day 6

Day 7

父母的
自我評價時間

本週目標

Day 1

Day 2

Day 3

Day 4

Day 5

Day 6

Day 7

孩子的每日抄寫

Day 8

抄寫心得

Day 8

父母的每日抄寫

抄寫心得

孩子的每日抄寫

Day 9

抄寫心得

Day 9

父母的每日抄寫

抄寫心得

孩子的每日抄寫

Day 10

抄寫心得

Day 10

父母的每日抄寫

抄寫心得

孩子的每日抄寫

Day 11

抄寫心得

Day 11

父母的每日抄寫

抄寫心得

孩子的每日抄寫

Day 12

抄寫心得

Day 12

父母的每日抄寫

抄寫心得

孩子的每日抄寫

Day 13

抄寫心得

Day 13

父母的每日抄寫

抄寫心得

孩子的每日抄寫

Day 14

抄寫心得

Day 14

父母的每日抄寫

抄寫心得

孩子的
自我評價時間

本週目標

Day 8

Day 9

Day 10

Day 11

Day 12

Day 13

Day 14

父母的
自我評價時間

本週目標

Day 8

Day 9

Day 10

Day 11

Day 12

Day 13

Day 14

完成兩週的抄寫練習後，有什麼心得感想呢？透過一天一則「人生金句」的抄寫，除了提升自尊感，也更懂得理解和關心他人。想想看，在開始進行抄寫練習後，自己有什麼樣的改變呢？試著一一記錄下來吧！

孩子的成長紀錄

1. 最近我喜歡的書（或想看的書）

2. 最近我喜歡的地方（或想去的國家、城市⋯⋯）

3. 最近我喜歡的音樂

4. 最近我喜歡的電影（或影劇、動畫、綜藝節目⋯⋯）

5. 最近我喜歡的食物

6. 最近我珍愛的物品

7. 最近我喜愛的人

8. 最近讓我感到幸福的一件事

9. 我的優點

10. 我的缺點

11. 我未來的夢想

父 母 的 成 長 紀 錄

1. 最近我喜歡的書（或想看的書）

2. 最近我喜歡的地方（或想去的國家、城市……）

3. 最近我喜歡的音樂

4. 最近我喜歡的電影（或影劇、動畫、綜藝節目……）

5. 最近我喜歡的食物

6. 最近我珍愛的物品

7. 最近我喜愛的人

8. 最近讓我感到幸福的一件事

9. 我的優點

10. 我的缺點

11. 我未來的夢想